Volker Fischer

ORNAMENT & VERSPRECHEN

Postmoderne und Memphis im Rückblick

4. November 2004 - 27. Februar 2005
Museum für Angewandte Kunst Frankfurt am Main

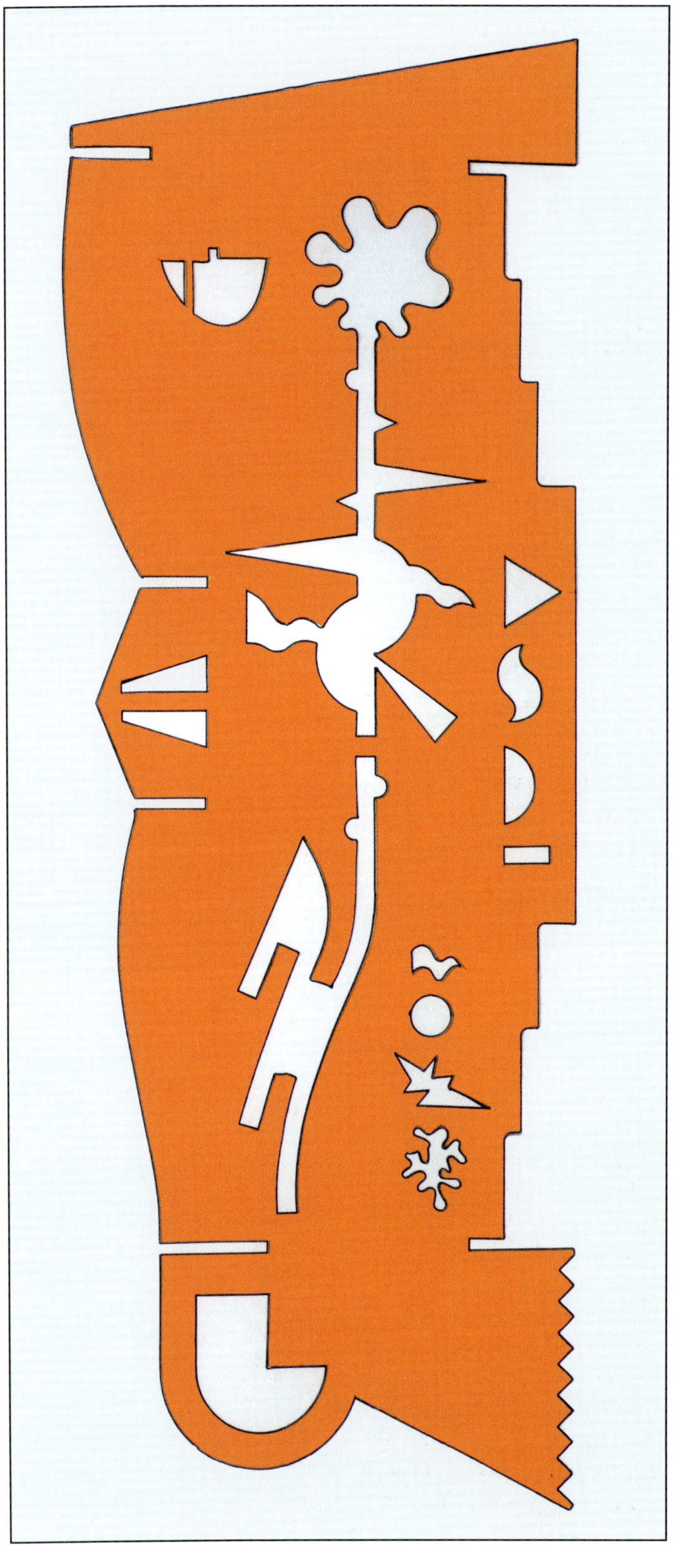

Alessandro Mendini: Zeichenschablone „Mendinigrafo", 1984, Museo Alchimia, Italien, Dauerleihgabe

Auf schlagende Weise kommentierte 1984 Alessandro Mendini die Ornament- und Dekoreuphorie. Sein „Mendinigrafo" aus transparentem Acryl paraphrasiert gängige Architektenschablonen und ersetzt deren Symbole durch ein eigenes Dekorrepertoire. Neben der Verwendung für diverse eigene Gemälde können so auch andere Entwerfer Mendinis Zeichensprache nutzen: eine Vermarktungsstrategie nicht ohne subversive Ironie.

Herausgegeben im Auftrag des Dezernats für Kultur und Freizeit der Stadt Frankfurt am Main, Museum für Angewandte Kunst

Ausstellungskonzept und -gestaltung: Prof. Dr. Volker Fischer
Ausstellungsaufbau: Prof. Dr. Volker Fischer, Dr. Eva Linhart
Konservatorische Betreuung: Dipl. Rest. Andrea Schwarz
Technik: Thilo Kohl
Verwaltung: Natalie Schwab
Öffentlichkeitsarbeit: Yvonne von Kienlin, Dipl.-Kauffrau
Ausstellungstexte: Prof. Dr. Volker Fischer, Dr. Eva Linhart
Katalogtexte: Prof. Dr. Volker Fischer, Prof. Dr.Ulrich Schneider
Grafik Ausstellung: Antje Riemann;
Marco Fiedler, Achim Reichert, vier 5, Paris
Grafik Katalog und Medien: Nicolas Kaiser, Salvatore Onorato (www.kaisernico.de)
Lithografie und Druck: Bräutigam.eps, Hanau
Fotografie: Uwe Dettmar, Frankfurt
Ausstellungsarchitektur: Jean Abt Innenausbau GmbH, Frankfurt
Führungen und Information: Service Interkulturelle Vermittlung Filiz Cakir Phillip

ISBN 3-932565-45-2

Ulrich Schneider

Vorwort

Durch die Jahrhunderte können im Bereich der Angewandten Kunst zumal Möbel als Spiegel der ihnen zeitgenössischen Architektur betrachtet werden. So verwerten die Fassadenschränke der Renaissance Elemente der großformatigen Bauzier und unterwerfen sie sinnvoll der Funktionalität. Gleiches gilt für die Objektkultur der klassischen Gegenwart. Gleichzeitig mit der Architektur der Postmoderne wurde das Produktdesign von diesem Vexierspiel von Innovation und Retrospektive erfasst. Bezeichnend, dass vor zwanzig Jahren sich auch die Grenze zwischen Architekten und Designern verwischte.

So ist es geradezu selbstverständlich, dass das Museum für Angewandte Kunst Frankfurt in die Geburtstagsfeier des Deutschen Architekturmuseums und die dortigen Jubiläumsausstellung „Revision der Postmoderne" mit einer Präsentation der eigenen Bestände postmodernen Designs einstimmt. „Ornament und Versprechen" betitelt der zuständige Kurator, Prof. Dr. Volker Fischer, die Schau, die dadurch besonders reizvoll wirkt, als ein engagiertes Publikum hier den Wert und die Bedeutung heimischen Kultgerätes in musealer Umgebung vermittelt bekommt.

Prof. Dr. Fischer sei für diese Ausstellung gedankt, umso mehr er durch freundschaftliche Beziehungen zu den Designern und Produzenten einen großen Teil der Sammlung als Geschenk für das Museum erwerben konnte. Frau Direktor Prof. Dr. Ingeborg Flagge danken wir für die kreative Freundschaft mit unserem Nachbarhaus am Main, die im Rahmen der Ausstellungen zu einem gemeinsamen Symposium über die Postmoderne führt. Und ein Dank gilt auch jenen, die unsere Ausstellung unterstützt haben: Dem Dezernat für Kultur und Freizeit, das mit dem Kooperationsfonds die Zusammenarbeit zwischen den Museen Frankfurts würdigt, sowie einem verlässlichen Partner des Museums für Angewandte Kunst Frankfurt, der nicht genannt sein will.

Volker Fischer

Ornament und Versprechen

Ein Blick zurück nach vorne

Mit der Anspielung auf jenes 1908 formulierte, fast manifestartige Traktat „Ornament und Verbrechen" des Wiener Architekten Adolf Loos, welches mehr als sechs Jahrzehnte – vom Deutschen Werkbund und dem Bauhaus bis zur Ulmer Schule und dem Funktionalismus – wirkungsmächtig die Tabuisierung jedweder Dekore und Ornamente legitimierte, ist jener Wechsel der Perspektive fokussiert, der übereinstimmend die Architektur und das Produktdesign hauptsächlich in den 1980er Jahren bestimmte.

Nach nahezu drei Jahrzehnten erscheint es kaum sinnvoll, es sei denn unter dem Gesichtspunkt einer eher nostalgischen Rekapitulierung vergangener, eigentlich schon „historischer" Debatten, den seinerzeit kontrovers, teilweise erbittert geführten Diskurs zwischen "Modernisten" und „Postmodernisten" noch einmal aufzurollen. Hier sei der interessierte Leser auf umfangreiche und detaillierte Werke von Heinrich Klotz, Charles Jencks, Paolo Portoghesi, Michael Collins, Wolfgang Welsch, Jean-François Lyotard, des Autors u.a. hingewiesen.

Wohl aber zeigt ein distanzierter Blick auf die Produktkultur der 1980er Jahre, dass damals eher stilistisch-formale Revisionen der Moderne im Fokus des Interesses der Gestalter standen als technologische Innovationen. Dies gilt ja im übrigen auch für die Architektur in ähnlicher Weise. Die Digitalisierung vieler Produktfelder, zu schweigen von einer darauf Bezug nehmenden entsprechenden Entwurfslogik, war allenfalls in Anfängen angedacht. Mobile Phones, Laptops, ubiquitäre Videospiele, elektronische Animationen und post-productions, interaktive „virtual pets" wie etwa Tamagotchis, Furbys und Aibos, waren noch kaum vorstellbar, zu schweigen vom Internet, dessen Möglichkeiten und gesellschaftlichen Folgen.

Nein, sowohl die Postmoderne wie Memphis, die von heute aus mehr verbindet als trennt, waren zuallererst ästhetische Reaktionen auf den als kalt, technokratisch und einseitig bloß rational empfundenen Funktionalismus, der Architektur und Produktdesign bis dahin dominiert hatte. Beide Disziplinen drohten in funktionalistischer Erstarrung zu vereisen. Die Postmoderne, aber durchaus auch Memphis waren also zuallererst Reaktionen auf einen Mangel, auf jene Blutleere und die Perpetuierung eher langweiliger ergonomischer und statischer Kanons, die man paradigmatisch mit Stichworten wie „Märkisches Viertel" oder „Hannoveraner Straßenbahnen" benennen könnte. Damals durchaus schon etablierte Entwerfer - alle etwa zwischen 45 und 50 Jahre alt, - empfanden einen Verlust an Ausdrucksfähigkeit und Sprache, an Reichhaltigkeit und an Rhetorik der Produkt- und Architekturvokabulare, dem sie nun neu und anders begegnen wollten.

Mit teilweise tatsächlichen, teilweise nur zugeschriebenen Zitaten theoretischer Protagonisten jener in Rede stehenden Bewegungen mag das Verbindende von Postmoderne und Memphis ebenso deutlich werden wie ihre Absetzbewegung vom „Reinheitsideal" der Moderne:

1. Zurück zur Fassade! (Robert Venturi)
2. Ornament ist kein Verbrechen! (Ettore Sottsass)
3. Der Kitsch ist das trojanische Pferd der Volksmassen! (Alessandro Mendini)
4. Mainstreet is almost all right! (Robert Venturi)
5. Not „less is more" (Mies van der Rohe), but „less is a bore" (Robert Venturi)
6. Nicht nur Funktion, sondern auch Fiktion! (Heinrich Klotz)
7. Form, Funktion, Material und Oberflächen sind voneinander unabhängige Kategorien! (Barbara Radice)
8. Geschichte ist keine Sünde, sondern Voraussetzung allen gestalterischen Handelns! (Paolo Portoghesi)
9. Es geht nicht um Nostalgie, sondern um Anverwandlung! (Charles Jencks)
10. Architektur und Design unterliegen prinzipiell dem gleichen Entwurfsparametern! (Matteo Thun)

Viele der Produkte, die in dieser Ausstellung gezeigt werden und vollständig aus der Sammlung der Designabteilung des Museums für Angewandte Kunst stammen, haben inzwischen historischen Charakter. Andererseits entsteht nach wie vor postmodernes Design, z.B. die nach und nach stattfindende Komplettierung der postmodernen Produktserie von Küchen- und Tischobjekten von Michael Graves für Alessi. Dies ist ein Indiz dafür, dass im Kontext der verschiedenen zeitgenössischen Stilauffassungen und Produktsprachen die Postmoderne ihren etablierten Platz hat. Trotzdem muss man sich vor Augen halten, dass mit Postmoderne und Memphis stilistische Überzeugungen zur Debatte stehen, deren Anfänge ein halbes Jahrhundert zurückreichen. Der zeitliche Abstand ist also so, als wenn sich die Bauhaus-Architekten und Designer über dem Zeitraum von 1870 zu äußern gehabt hätten. Insofern geht es bei der Betrachtung und Würdigung der hier zusammengestellten Entwürfe inzwischen mehr um eine historische Einordnung, um eine kulturgeschichtliche Einschätzung eines weitgehend vergangenen Phänomens, auch wenn manche Einsichten der Postmoderne ebenso wie Einsichten der Klassischen Moderne bis heute nachwirken. Der Begriff der Postmoderne wurde von dem Architekturhistoriker Charles Jencks Anfang der 1980er

Jahre populär gemacht, von Jürgen Habermas und Jean-François Lyotard kritisch begleitet und jenseits der Architektur auf allgemeinere gesellschaftliche Phänomene bezogen. Die „Kernzeit“ der Postmoderne allerdings als ästhetische Disziplin bezieht sich auf dem Zeitraum von etwa 1978 bis 1988, also auf zehn Jahre. Die „Heroen“ dieser Entwurfsauffassung waren in Amerika Robert Venturi, Charles Moore, Michael Graves, Robert A.M. Stern und Stanley Tigerman, in Europa James Stirling, Hans Hollein, in gewisser Weise auch Aldo Rossi und Oswald Mathias Ungers sowie Paolo Portoghesi, in Japan vor allem Arata Isozaki, sowie etwa weitere zwei Dutzend Entwerfer und Architekten in der zweiten Reihe. Für die Memphis-Sprache waren Ettore Sottsass, Michele de Lucchi, Matteo Thun, Georges Sowden, Natalie du Pasquier und andere stillagenbestimmend. Hier reichen die Vorläufer von Archizoom und dem Superstudio aus den 1960er Jahren bis zum Studio Alchimia um Alessandro Mendini und Ettore Sottsass in den 1970er Jahren, das die bunt-schrille, additive und collagierte, oft ironische Produktsprache des „Radical Designs“ begrenzt salonfähig machte.Insgesamt hat man die 1980er Jahre als Jahrzehnt einer „semantischen Wende“ bezeichnet, d.h. eine Wende hin zu narrativ-poetischen Produkten, die der ikonographischen Dürre des Spätfunktionalismus freche und ironische, nostalgische, ornament- und dekorverliebte, farbenprächtige Alternativen entgegensetzten. Postmoderne und Memphis sind sich darin einig, dass historisches Wissen Entwürfe immer bereichert und keinesfalls, wie etwa das Bauhaus und der Funktionalismus propagierte, ärmer und ästhetisch zweitrangiger macht. Ebenso verbindet beide Richtungen ein Entwurfsdenken, das prinzipiell relativ ist und sich ebenso an der Geschichte wie am Alltag abarbeitet. Daraus folgt, das „high“ und „low“ als Wertparameter gleichberechtigte Legitimität haben. „Kulturwissen“ soll also gewissermaßen „Alltagswissen“ werden. Außerdem sei die Empfindung von Schönheit immer abhängig von sozialen Codes und insofern die Verdikte von Kitsch und „schlechtem Geschmack“, bei Licht betrachtet, selbst Ausdruck soziokultureller Ignoranz. Und schließlich: eine begründete und ernsthafte Ironie gegenüber der Geschichte und ihren Stillagen ist sowohl für postmoderne Entwerfer wie jene im Memphis-Umfeld die letzte noch mögliche Form aktueller gestalterischer Auseinandersetzung.

Ich denke, dass die Produktsprachen der Postmoderne und von Memphis damals unsere Produktumwelt oft bereicherten, manchmal verstörten, in jedem Falle in Bewegung brachten. Und eines kam hinzu: plötzlich wurden die Entwerfer als „celebreties“ gehandelt: ihre Entwurfszeichnungen, oft auch ihre Produkte wurden zu hoch dotierter Galerienware. Architektur und Design wurden wie so viele andere Kulturbereiche, ob Literatur, Theater, Ballett oder Film, nun ebenso Ausdruck und Spielwiese eines „Starsystems“ und „Autorendesigns“, wodurch dann selbst noch „no-name“-Produkte wie Teppichböden oder Tapeten geadelt werden konnten.

Es sollte deutlich geworden sein, dass die Postmoderne mit ihrem Rekurs auf historische Stillagen von der Renaissance bis zum Biedermeier auch den Oberflächen und ihrer Binnenstrukturierung, mithin den Dekoren und Ornamenten, neue Bedeutung und aktualisierte Aussagefähigkeit zusprach. Die Swid-Powell-Porzellane ebenso wie deren versilberte Produkte machen dies deutlich. „Historische“ Holzfurniere und deren Maserungen traten hinzu. Aber auch die Memphis-Designer versuchten, mit ethnologischen Ornament-Derivaten oder solchen, die sie aus zeitgleichen „Alltags“-Oberflächen wie Straßenbahntrittbrettern, Computer-Patterns oder Behördenformularen destillierten, eine neue Reichhaltigkeit und Sensualität von Oberflächen zu erzeugen. Oft ist dies geglückt, manchmal war es auch nur „l´art pour l´art“. Und es war eine letzte, nicht zuletzt vom Schrecken diktierte Reaktion auf die sich in den 1980er Jahren deutlich abzeichnende Beschleunigung neuer Materialien, Produktionsweisen und Herstellungsprozesse, die dann in den 1990er Jahren zu recycelbaren Kunststoffen, High Tech-Keramik, Flüssigholz, Gel-Substanzen, Spritzguß-Rotationsverfahren, Sinter-Techniken u.a. führte. Wie am Ende des 19. Jahrhunderts mit seinen historistischen Neo-Stilen die mit Macht beginnende erste Moderne noch einmal mittels ästhetisch-individueller Überschreibungen humanisiert werden sollte, so geschah dies mit der Postmoderne und Memphis nochmals am Ende des 20. Jahrhunderts. Selbst die computergefrästen Lochblech-Patterns eines Matteo Thun versuchen, jener Zweiten Moderne der Elektronik, Digitalisierung, Mikroelektronik und Mikromechanik mit den tradierten Mitteln ästhetischer Oberflächengestaltung beizukommen. Insofern war die „Re-Ornamentalisierung“ als Durchgangsphase hin zu einer digitalisierten Welt und Produktumwelt durchaus ein Versprechen; und von Swatch über Ritzenhoff bis zur Diskussion über die Gestaltung von „Benutzeroberflächen“ sehen wir heute die Folgen. Die Postmoderne war der Vorschein ihrer eigenen Abstraktion.

Die Gewichtung der Objekte innerhalb unserer Sammlung entspricht keineswegs immer der objektiven Bedeutung mancher Entwerfer in diesen Produktsprachen der Postmoderne und von Memphis. Die in der Ausstellung und der sie begleitenden Publikation dokumentierten Objekte sind fast durchgehend Donationen, die auf Grund freundschaftlicher Kontakte zu Designern und Unternehmern möglich wurden. Insofern ist dieser Teilsammlung der Designabteilung des Frankfurter Museums für Angewandte Kunst Subjektivität und eine gewisse Zufälligkeit eingeschrieben, die nicht nur, aber durchaus auch auf Occasionen beruht. Trotzdem glaube ich, dass paradigmatisch das Charakteristische von postmodernem und Memphis-Design deutlich werden kann. Beide dieser „Haltungen“ sind relativ zeitnah zu ihrem Entwurfszeitraum in Bild, Text und theoretischen Debatten in den 1980er Jahren umfangreich dokumentiert worden. Deshalb folgen am Ende dieses Kataloges ausgewählte Literaturhinweise.

Alessandro Mendini: Redesign Thonet, 1979, Anthologie Quartett, Deutschland 1990 Inv. Nr.: D 533

Bevor ab 1981 die Gruppe Memphis das funktionalistische Verhältnis von Funktion und der ihr dienenden Form radikal veränderte, hatte bereits die ebenfalls in Mailand ansässige Designergruppe Alchimia dieses Verhältnis zur Disposition gestellt. Eine ihrer Protagonisten, Alessandro Mendini, versah seit Mitte der 1970er Jahre bekannte Stühle von Mackintosh, Breuer, Rietveld oder Thonet mit verfremdenden Applikaten und ironischen Formerweiterungen, um sie einer erneuten, sensibilisierten Wahrnehmung zugänglich zu machen. Dieses Vorgehen nannte Mendini „Re-Design". Es ist eine vergleichbare Strategie zu Venturis Diktum „Mainstream ist almost allright". Das Vorgegebene wird im Gegensatz zur Auffassung der klassischen Moderne bei beiden Konzepten nicht als abgetan, überholt und niveaulos angesehen, sondern als kreatives Reservoir, aus dem man für Neuentwürfe der Gegenwart Anregungen schöpfen kann. Dem in unserer Sammlung befindlichen Thonet-Stuhl verpasste Mendini ein amöbenhaftes „Malerpaletten"-Applikat als Ergänzung der Rückenlehne sowie einen unregelmäßigen Strahlenkranz aus weit auskragenden Stahldrähten mit farbigen Holzkugeln als Endstück. Dies erinnert sowohl an die berühmte ebenso mit Farbkugeln bestückte Wandgarderobe von Charles Eames als auch an die ebenfalls aus den späten 1950er Jahren stammende Wanduhr von George Nelson. So wird eine Ikone der Designgeschichte – Thonet´s Stuhl Nr. 14 – mit bewusst gewählten Assoziationen von zwei weiteren Designikonen aus anderer Zeit überblendet. Unterschiedliche Stile, Rezeptions- und Wahrnehmungsgewohnheiten werden also mit einer durchaus postmodernen Strategie relativiert und miteinander verwirbelt. Und es passt zur generell gebrochenen Stilmentalität der Postmoderne, dass Mendinis´ Thonet-Stuhl seinerseits nach gut einem Vierteljahrhundert selbst bereits wieder zu einer Design-Ikone geworden ist.

Alessandro Mendini, Piercarlo Bontempi, Walter Gervasi, Giorgio Gregori (Alchimia): Teeservice, 1988, Tirschenreuth, Deutschland Inv. Nr.: 15101-15106

Dieses Porzellan-Service von Alchimia, von Alessandro Mendini gemeinsam mit drei weiteren Gestaltern entworfen, versucht gemäß dem Mendini-Motto „Der Kitsch ist das trojanische Pferd der Volksmassen", traditionelle Formen durch ihre unkonventionelle Verwendung erneut bewusst zu machen. So sind die Griffe der Tassen und der Kaffeekanne farbig unterschiedlich behandelt, und insgesamt ist das neo-konstruktivistische Dekor aus grauen, schwarzen und rosafarbenen Splitterflächen fast subversiv formunabhängig über die Volumen der Porzellangefäße verteilt. Auch dies ist eine Form von Re-Design und läßt dementsprechend klassisch-„konservative" Porzellanformen anklingen.

Die Stehleuchte „Callimaco" zeigt bereits ein paar Jahre vor „Memphis" jene typische, additiv Volumen kombinierende Gestaltauffassung, für die Sottsass berühmt ist und die er von Vasen und Pfeffermühlen über Leuchten und Möbel bis zu Hausentwürfen und elektronischen Geräten seit den Mittsiebziger Jahren durchdekliniert hat. Die farbigen Volumen bei dieser Leuchte sind distinkt von einander gestaltet. Der banale, aus dem „No-Design" kommunaler Nutzungszusammenhänge stammende Griff am Schaft der Leuchte steht für eine Strategie der Integration von Banalem in die Hochkultur, die auf vergleichbarer Weise auch Robert Venturi in den USA und Alessandro Mendini in Italien programmatisch statuiert und entwerferisch umgesetzt haben.

Ettore Sottsass: Stuhl „Seggiolina da Pranzo", 1980, Belux, Schweiz Vitra Miniature Collection Inv. Nr.: D 1081

Ettore Sottsass verwendete bereits in den 1970er Jahren bewusst banale Formen und Materialien wie Pressplatten, Laminate, präfabrizierte Halbzeuge und Beschläge von Behördenräumen bzw. öffentlichen Fahrzeugen.Damit propagierte er eine kulturalisierte Nicht-Kultur, die weder sozial noch schichtenspezifisch differenziert ist und somit, wie er sagte, „niemandem und allen zugleich angehört". Sein Stuhl „Seggiolina da Pranzo", entworfen für das Schweizer Unternehmen Belux, berücksichtigt all diese Vorgaben, ist aber dann doch ein gestalterisch bewusst veredeltes Banalprodukt. Dieser Stuhl nahm wie andere Objekte von Sottsass bereits wesentliche Charakteristika der Memphis-Produktsprache vorweg.

Ettore Sottsass: Stehleuchte „Callimaco", 1982, Artemide, Italien Inv. Nr.: D 351

Die Kollektion „Zeitwände" der traditionsreichen Tapeten–fabrik Rasch, die bereits für das Bauhaus produzierte, beinhaltet Entwürfe von zwölf zeitgenössischen Designern. Davon waren allein vier Gründungsmitglieder von Memphis: Ettore Sottsass, George Sowden, Matteo Thun und Natalie du Pasquier. Ebenso sind Mendini und die deutsche Architek–tengruppe Norbert Berghof/Michael Landes/Wolfgang Rang vertreten. Die meisten der Entwürfe wirken in ihrer abstrahierenden Narrativität fast lakonisch. Sottsass etwa lässt weiße „Schneeflocken" auf sich aufhellendem blauen Grund rieseln, Mendini abstrahiert Säulen zu Logoformen oder kreiert einen farbenfrohen Schnipselteppich tschechisch-kubistischer Provenienz, du Paquier streut fast naiv wirkende Flora- und Fauna-Embleme über die Fläche, Thun erfindet ein geometrisierendes Irrgarten-Geflecht, Sowden rekapituliert gruppenironisch die Tintenklecksornamente des Meisters Sottsass (vgl. S. 34 und 35) und Berghof/Landes/Rang schließlich täuschen als Tapete „Stucco Lustro"-Flächen vor und bekrönen diese Flächen mit einem schmissig skizzierten Fries architektonischer Verweise (vgl. S. 37). Fast alle Tapeten gibt es in drei bis fünf verschiedenen Farbstellungen. Die Entwürfe verbindet das Bemühen, erzählerische Fonds zu bilden, die sich nicht in den Vordergrund spielen, sondern als Passepartouts für die Räume, ihre Charakteristik und Einrichtung dienen können: gezähmte Expressivität!

Alessandro Mendini:
Tapete „Luna", 1992,
Rasch, Deutschland
Inv. Nr.: D 1124

Alessandro Mendini:
Tapete „Colonna", 1992,
Rasch, Deutschland
Inv. Nr.: D 1123

Ettore Sottsass:
Tapete „Ercolano“,
1992, Rasch,
Deutschland
Inv. Nr.: D 1120

Ettore Sottsass: Tapete
„Arabia Felix“, 1992, Rasch,
Deutschland
Inv. Nr.: D 1121

Dieses ungewöhnliche Buchregal, als freistehender Raumteiler konzipiert, erinnert an eine spielerische antropomorphe Figur, einem Roboter mit vielen Gliedmaßen vergleichbar, oder auch an ein Insekt. Es entstand für die erste Kollektion von Memphis. Die an Spielzeuge erinnernde Kombination von Symmetrie und Asymmetrie sowie die bunt laminierten Oberflächen aus Kunststoff stehen für eine neomoderne Produktsprache, die bewusst auf historische Verweise verzichtet und ihre Kulturbezüge aus banalen Alltagszusammenhängen bezieht. Dieser ironisch als „New International Style" vermarktete Stil-Mix aus Pop Art-Anklängen, Volkskultur, 1950er Jahre-Nostalgie, Kitsch und Hollywood-Glamour unterlief folgenrichtig die bis dahin gültigen funktionalistischen Maximen. Der „Carlton"-Raumteiler, zu dem Sottsass viele vergleichbare Vorläufer entwarf, ist ein Leitprodukt dieser Auffassung. Nicht wenige Designhistoriker der Gegenwart halten stilistisch dieses Produkt für eines der wichtigsten Designobjekte der gesamten 1980er Jahre.

Ettore Sottsass:
Raumteiler „Carlton",
1981, Memphis, Italien
Inv. Nr.: D 699

Dominant auffallend beim großvolumigen Sessel „Bel Air" von Peter Shire für die erste Memphis-Kollektion ist seine asymmetrische Formenschichtung aus geometrischen Grundelementen ebenso wie der Farbenmix der Polster-, Holz- und Kunststoffteile, der milchige postmoderne Farbtöne mit Primärfarben der klassischen Moderne wie jenen der Pop-Art-Zeit mischt. Bei diesem „Pasticcio"-Möbel stimmt im traditionellen Sinne nichts mehr: Farben, Proportionen, Gestalt, Materialien scheinen wie absichtslos zusammengewürfelt: eine Hollywood-Pop-Westküsten-Melange; ein Feuerwerk an Widersprüchen, provokativ, bunt, fröhlich, wie von Kinderhand getürmt, geschichtet und entworfen. Und doch: ein Objekt skulpturaler Dignität, allansichtig, raumbeherrschend, prall.

Peter Shire: Sessel „Bel Air", 1981, Memphis, Italien Inv. Nr.: D 162

Michele de Lucchi: Stuhl „First", 1981, Memphis, Italien Vitra Miniature Collection Inv. Nr.: D 1082

Der „First"-Stuhl von Michele de Lucchi aus der ersten Memphis-Kollektion 1981 ist ähnlich wie das „Carlton"-Regal von Ettore Sottsass eine narrative Konfiguration mit anthropomorpher Symbolik. Die scheinbar schwebende blaue Kreisform der Lehne fungiert als „Kopf", die Armholme werden zu tatsächlichen „Armen", die Stuhlbeine entsprechend tatsächlich zu „Beinen". Die auf den Armlehnen applizierten Kugeln fungieren dann als Hinweis auf Muskeln oder Hände. Damit wird Gestaltung im eigentlichen Sinne des Wortes zu „Gestalt". Stilistisch ist dies ein minimalistischer Entwurf, der allerdings figurativ angereichert wird. Auch der Name legt dies ja nahe: „First" als ursprünglicher „erster" Stuhl. Der Mensch nimmt auf einem abstrahierten Abbild seiner selbst Platz. So, wie die Postmoderne mit Allusionen „historischer" Stillagen zeitgenössische Entwürfe einem hybriden Wahrnehmungs-„shifting" zuführt, macht dies de Lucchi mit Verweisen auf anthropomorphe Bilder. Die Referenzfelder also sind unterschiedlich, die prinzipiellen Strategien vergleichbar.

So, wie die Postmoderne historisch-klassische Stile in ironischer Verwendung rehabilitierte, versuchte die Gruppe Memphis, Idiome anderer als nur der westeuropäischen Kulturen in ihre Produktsprache zu integrieren, besser: zu amalgamieren. Matteo Thun bezog sich in seiner Debut-Keramikkollektion für Memphis 1981 wohl kaum zufällig auf ein ägyptisierendes Formvokabular. Geometrische Primärkörper und die Farbgebung königsblau und gold gemahnen an das Zweistrom-Land zwischen Euphrat und Tigris, allerdings mit einer Art Pop-Ironie gebrochen. Memphis/Tennessee von Elvis Presley und Memphis/Ägypten als Grablege von Pharaonen also als Melange: erfolgreich, wie hunderte von ähnlichen nachahmenden Keramiken in den folgenden Jahren bewiesen.

Matteo Thun: Eierbecher „Nefertiti“, 1981, Memphis, Italien Dauerleihgabe

Ettore Sottsass: Zwei Schalen „Senape, Mirto“, 2002, Marutomi, Japan Inv. Nr.: D 436

Die Vasen und Schalen „Senape, Mirto, Basilico“, 1997 von Ettore Sottsass für das japanische Unternehmen Marutomi entworfen, verweisen durch eine ungewohnte Proportionierung von Gefäß und Basis auf die typisch skultural-architektonische Produktsprache des Mailänder Entwerfers. In Kombination mit den gedeckten, erdig-natürlichen Farben ist so eine Produktgruppe entstanden, die eine geradezu zen-buddhistische Ruhe ausstrahlt: eine Diffusion europäischer und japanischer Haltungen. Diese Produktgruppe wurde 1998 mit einem Design Plus-Preis der Frankfurter Messe ausgezeichnet.

Die in nummerierter Auflage hergestellten Kaffeekannen „Columbine neo- barroce" des Mailänder Designers – ursprünglich als farbige Fassungen für Memphis-Kollektionen entstanden - sind ebenfalls jener additiven Entwurfslogik verpflichtet, die generell die Produkte dieser Designgruppe kennzeichnet. Analog der narrativen Formensprache von Memphis hat Thun seine expressiv zoomorphen Tischlandschafts-Kreaturen mit Namen versehen, die ironisch italienische Vogelnamen mit lateinischen Begriffen amalgamieren. Material-, Dekor- und Farbqualitäten werden ausschließlich applikativ in einem unbekümmerten, postmodernen Stil-Mix verwendet. Pop Art-Bezüge, Hollywood- und Art Déco-Nostalgie, die Figürliches herbeispielen, erzeugen insgesamt einen surrealen Zoo ikonophil aufgeladener Tischobjekte, denen Natur nur noch als mehrfach stilistisch gefilterter und neomodern verfremdeter Bezug eingeschrieben ist: Form wird zum Träger von Ausdruck, kaum noch von Funktion.

Matteo Thun: Kaffee- und Teekannenserie „Rara avis", 1983, Anthologie Quartett, Deutschland, von li. nach re.:„Passer Passer", „Passerina Noctua", „Columbina Gratiosa", „Columbina Superba", Columbina Descendens", „Cuculus Canorus"
Inv. Nr.: D 176- D 181

Matteo Thun: „Walking Coffee Pots/ Flic Flac", 1986, WMF, Deutschland Auflage 100 Ex.
Inv. Nr.: D 182- D 184

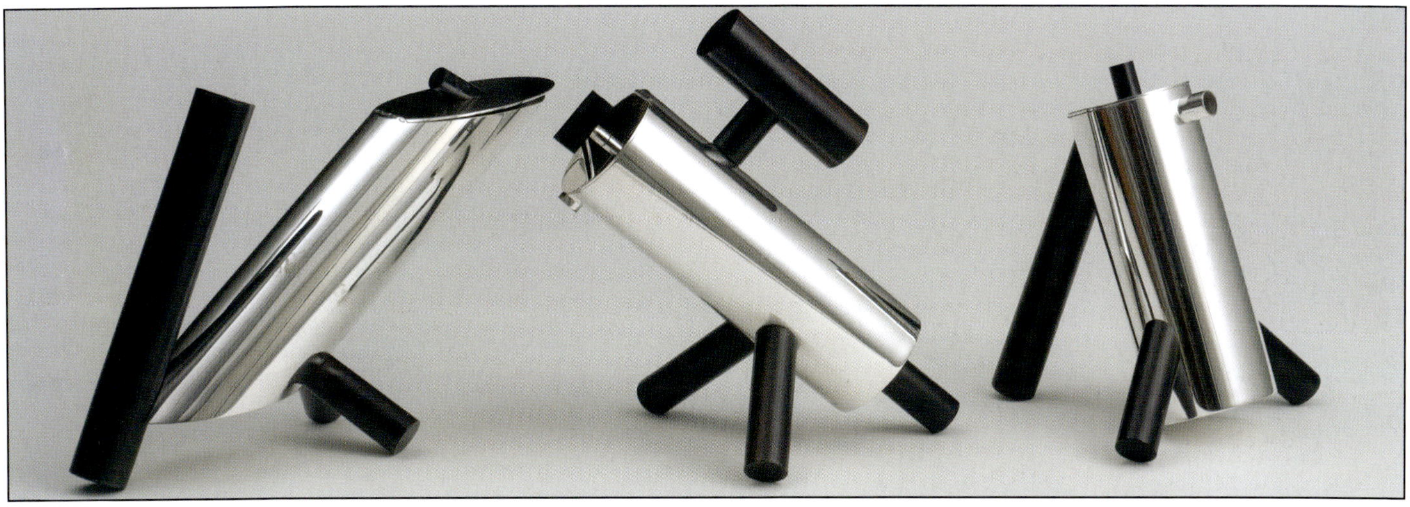

Schräg geneigte versilberte Messingzylinder mit Deckel auf Ebenholzbeinen; fragile, so nie gesehene Konstruktionen einer ironisch hinterfragten Funktionalität, die ihre Statik zum visuellen Ereignis machen. Die Stakeligkeit dieser Zylinder hat eine Dynamik, die von ferne durchaus ebenso an Produkte des tschechischen Kubismus gemahnt wie an jene des russischen Konstruktivismus. Die Serie dieser drei auch „Flic Flac" genannten „Laufkannen" ist allerdings nur in einer limitierten Auflage von 100 Exemplaren produziert worden. Offenbar waren dafür konstruktive und darauf beruhende Kostenprobleme ausschlaggebend.

Diese von Ettore Sottsass entworfenen, von der Anthologie Quartett in Deutschland produzierten sechs Keramik-Kannen passen kaum in das tradierte Gattungsbild bauchiger Kaffee- oder Teegefäße. In matt milchigen Farben hat Sottsass mit dieser „Indian Memories“ genannten Serie eine Produktfamilie kreiert, die an kleine buddhistische Tempel erinnert. Kugeln, Kuppeln, Bögen, Träger, Traversen, Pfeiler: hundertfach vergrößert wären dies veritable Memorial-Architekturen. Eine der beiden zu dieser Serie dazu gehörenden Obstschalen in sattem Sonnengelb erinnert an eine im Zickzack geöffnete Frucht, ein in der Gastronomie beliebtes Verfahren zur sinnlichen Attraktivitätssteigerung von Zitrusfrüchten. Dabei ist der ethnologische Bezug ebenso wie der ironische Verweischarakter auf westlichen Alltag dieser skulpturalen Nutzobjekte unübersehbar. So gemahnt die Kanne „Cherries“ von ihrer Gestaltung her ebenso an Kaffeemaschinen wie an die Pop Art -„Nippel“- Ästhetik eines James Rosenquist, so sind die Kannen „Cinnamon“ und „Basilico“ eine Melange aus Konstruktivismus und Luigi Colani, und so sind schließlich die Kannen „Pepper“ und „Lapislazzuli“ einer aztekisch-indischen „Cross-over-Nostalgie“ geschuldet. Und „Cardamon“? Ein gespiegeltes Parkhaus im Stil der „slick-tech-architecture“.

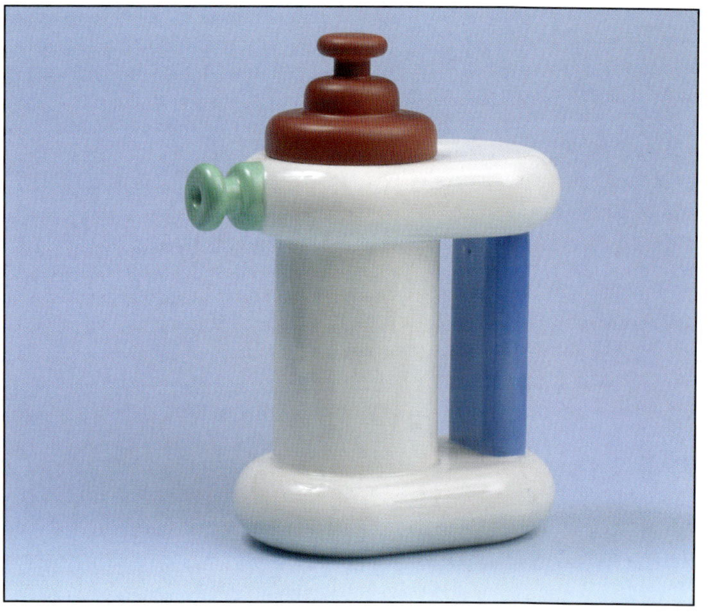

Ettore Sottsass: Teekanne „Cherries“,aus der Serie „The Indian Memory“, Entwurf 1972, Fertigung 1987 von Alessio Sarri für Anthologie Quartett, Deutschland
Inv. Nr.: 14839

Ettore Sottsass: Teekanne „Cardamon“, aus der Serie „The Indian Memory“, Entwurf 1972, Fertigung 1987 von Alessio Sarri für Anthologie Quartett, Deutschland
Inv. Nr.: 14835

Ettore Sottsass: Teekanne „Basilico", aus der Serie „The Indian Memory", Entwurf 1972, Fertigung 1987 von Alessio Sarri für Anthologie Quartett, Deutschland
Inv. Nr.: 14837

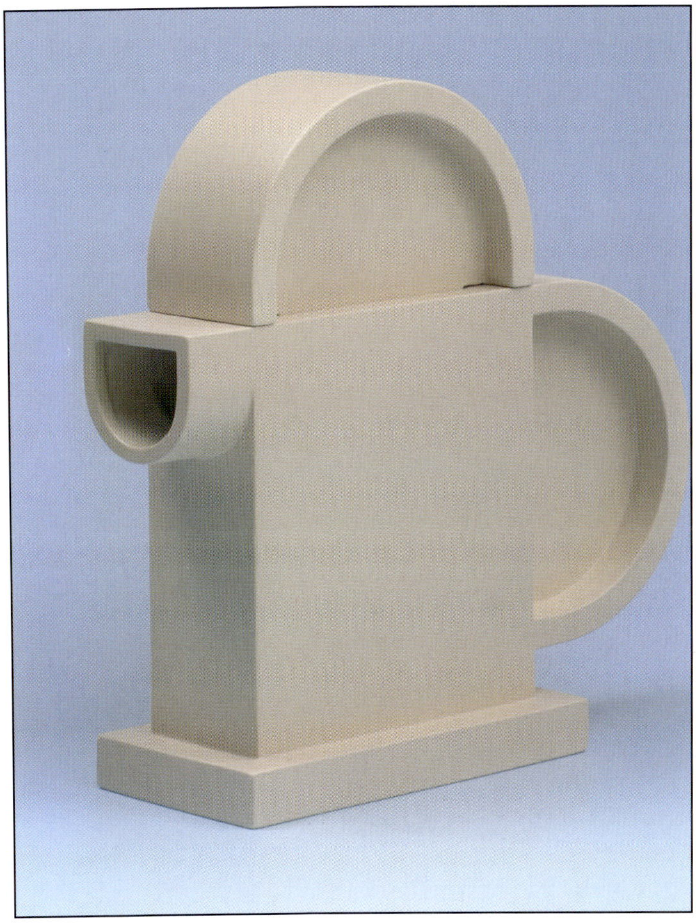

Ettore Sottsass: Teekanne „Cinnamon", aus der Serie „The Indian Memory", Entwurf 1972, Fertigung 1987 von Alessio Sarri für Anthologie Quartett, Deutschland
Inv. Nr.: 14840

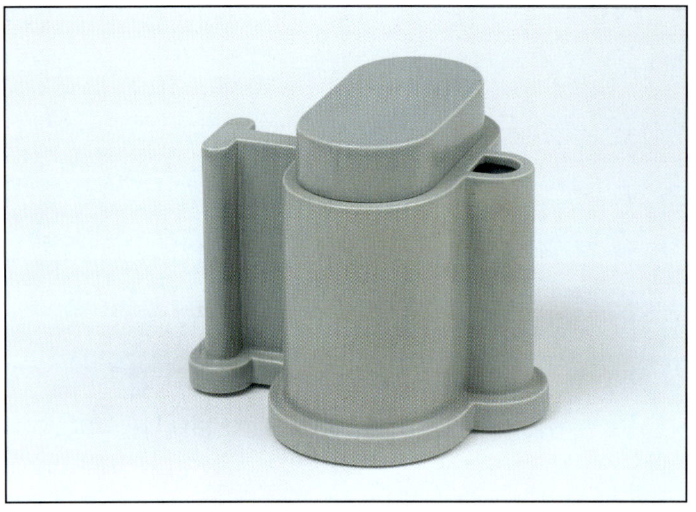

Ettore Sottsass: Teekanne „Pepper“,
aus der Serie „The Indian Memory“,
Entwurf 1972, Fertigung 1987 von
Alessio Sarri für Anthologie Quartett,
Deutschland
Inv. Nr.: 14838

Ettore Sottsass:
Teekanne „Lapislazzuli“, aus der
Serie „The Indian Memory“,
Entwurf 1972, Fertigung 1987
von Alessio Sarri für Anthologie
Quartett, Deutschland
Inv. Nr.: 14836

Ettore Sottsass: Obstschale „Camomilla", aus der Serie „The Indian Memory", Entwurf 1972, Fertigung 1987 von Alessio Sarri für Anthologie Quartett, Deutschland
Inv. Nr.: 14842

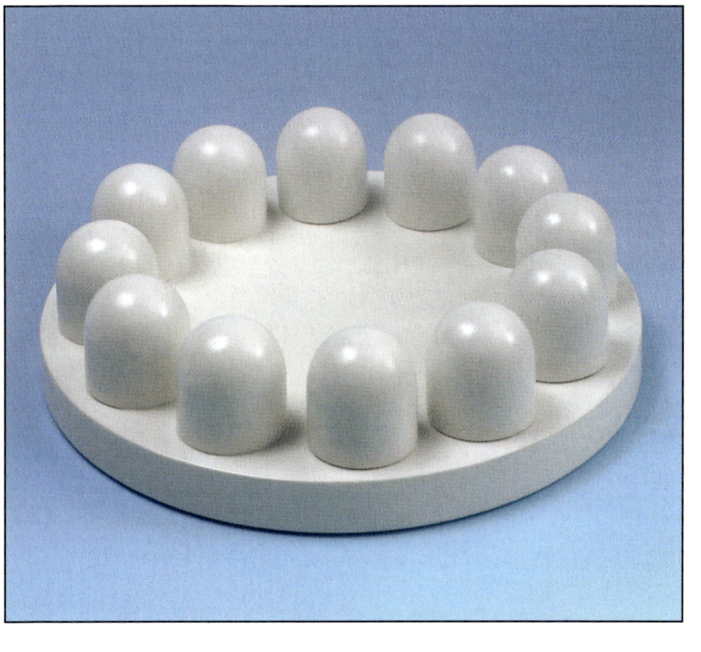

Ettore Sottsass: Obstschale „Sugar", aus der Serie „The Indian Memory", Entwurf 1972, Fertigung 1987 von Alessio Sarri für Anthologie Quartett, Deutschland
Inv. Nr.: 14841

Matteo Thun: Pfeffer- und Salzstreuer zum Service „Fantasia"; von li. nach re.: „Brunelleschi, Babylon, Venceslaus, Pisa, Cheops", 1988, Arzberg, Deutschland Inv. Nr.: D 244- 248

Die von Matteo Thun entworfenen Salz- und Pfefferstreuer für Arzberg beziehen sich abstrahierend und doch narrativ auf fünf emblematische Bauwerke der Architekturgeschichte: den schiefen Turm von Pisa, den Florentiner Dom von Brunelleschi, den Turm von Babylon, den Zwiebelturm von Venceslaus in Prag sowie die Cheops-Pyramide in Ägypten. Im kleinen Maßstab von wenigen Zentimetern werden allgemeinste Bau-Charakteristika formuliert, so als gelte es, die antiken Weltwunder auf den gedeckten Tafeln der Gegenwart noch einmal als Erinnerung zu vergegenwärtigen. Jedes identische Doppelpaar dieser kleinen Gebäude weist in Rot den delikat-kursiven Schriftzug „Salt" bzw. „Pepper" auf, gefolgt von kleineren in schwarz gehaltenen Bezeichnungen der Bauwerke. Bei einer solchen Produktfamilie sind Anschlusskäufe programmiert und im Arrangement einer minimalisierten Gebäudelandschaft auf dem Speisetisch kaum Grenzen gesetzt. Die augenzwinkernden Ironie einer solchen Produktgruppe liegt auf der Hand: Babylonisches Spiegelei, Rührei à la Cheops, Pisa-Eier im Glas, „grie Soß" mit Brunelleschi?

Jene kleinen Tisch-Bauwerke, die Matteo Thun bei seinen Salz- und Pfefferstreuern im Rekurs auf berühmte Bauwerke ersann, finden sich in vergleichbarer Weise auch in den Ergänzungsteilen zum „Fantasia"-Service, obwohl hier die Formen eher sphäroid sind bzw. sich auf Kugeln beziehen. Damit ist ihnen eine emotionale, „handschmeichlerische" Sinnlichkeit eingeschrieben.

Matteo Thun: Eierbecher, Dochtlampe, Salz- und Pfefferstreuer, Zuckerstreuer zum Service „Fantasia. Le petit café", 1988, Arzberg, Deutschland Inv. Nr.: D 243

Einer ähnlichen Formauffassung wie die Salz- und Pfefferstreuer für Arzberg ist auch jenes vielteilige Porzellanservice „Fantasia. Le petit café" von Thun für das nämliche Unternehmen verpflichtet, welches in bewusst extremer Form Kreis- und Kugelformen kombiniert. Dieser fast lexikalischer Geometrismus verweist auf Anregungen konstruktivistischer Porzellane ebenso wie auf Thuns eigene Memphis-Experimente. Die asymmetrisch im Kreis der Untertasse angeordnete, in schwarz gehaltene kleinere Kreisform für die Positionierung der Tasse ist da ebenso ein Indiz wie die Kugel-Teekanne für zwei Portionen, die passgenau in die dazugehörige Tasse zu stellen ist. Insgesamt ein für traditionelle „Porzelliner" eher provokantes Formrepertoire mit gleichwohl hoher gestalterischer Prägnanz und – nebenbei – ein fast schon sarkastischer Kommentar auf das berühmte schwarz-weiße Porzellan von Walter Gropius für Rosenthal.

Matteo Thun: Service „Fantasia. Le petit café", 1988, Arzberg, Deutschland
Inv. Nr.: D 389

Matteo Thun:Teeservice „Tea for one", 1988,Arzberg, Deutschland
Inv. Nr.: 14960 b

Eine Teekanne in Kugelform passt genau in eine weitere Halbkugel, die die Tasse bildet. Damit gelingt dem Mailänder Entwerfer eine verblüffende Neuinterpretation einer traditionsreichen Objektgattung.

Die Vase „Emilia“ ebenso wie die Schale „Tobo“ von Dieter Sieger bestehen aus tiefblauem bzw. günem mundgeblasenen Glas, während die kleinere Vase „Zazou“ jeweils mit Klarglas überfangene milchigen Pastelltöne aufweist. Sie sind Teil einer deutlich von der additiven Entwurfsauffassung eines Ettore Sottsass beeinflussten etwa 30 Produkte umfassenden Produktlinie, die Dieter Sieger Anfang der 1990er Jahre für die Marsberger Glaswerke Ritzenhoff entworfen hat.

Sieger Design: Vase „Emilia“, 1991, Ritzenhoff, Deutschland
Inv. Nr.: D 1128

Sieger Design: Vase „Zazou“, 1994, Ritzenhoff, Deutschland
Inv. Nr.: D 1129

Sieger Design:
Schale „Tobo“,
1991, Ritzenhoff,
Deutschland
Inv. Nr.: D 1127

Der tschechische Entwerfer, sonst eher für neobarocke, ornamental luxurierende Glas- und Silberobjekte berühmt, kreierte 1986 eine formal zurückhaltende Vase für Süssmuth, in der ein nach unten offener farbiger Glaseinsatz steckt. Die Abschlüsse der beiden Glasformen sind asymmetrisch gestaltet, so dass bei unterschiedlicher Drehung immer wieder ein anderes Gesamtbild entsteht.

Borek Sipek:
Zwei Vasen, 1986,
Süssmuth, Deutschland
Inv. Nr.: 15381, 15382

Das Telefon „Enorme“ von Ettore Sottsass und David Kelley Design ebenso wie der Taschenrechner von Bruce Parisi sind jeweils eine Apotheose rechtwinkliger, architektonischer Prinzipien, durch Farbkodierung und Dimension als Mikro-Architektur kenntlich. Elektronik wird hier in statisch rektanguläre Gehäuse verpackt und gehorcht gestalterisch eher dem Blow up der Pop Art als der Miniaturisierung heutiger elektrischer Bauteile.

Ettore Sottsass und David Kelley Design: Telefon „Enorme“, 1987, Dauerleihgabe

Enorme, USA und Bruce Parisi : „Solarrechner“, 1987, Milano Series, USA Inv. Nr.: D 387

Dieser Mouse-Teppich „Service“, 1995 von Theo Williams entworfen, integriert den von Ettore Sottsass entworfenen Taschenrechner „Columbia“, eine Stiftablage und einen Notizblock. Nicht ohne Ironie wird so mit einem Peripherieprodukt für Computer auf ältere Mitteilungsmedien verwiesen: Schreiben, Rechnen, Zeichnen als Kulturtechniken, die auch der Computer niemals vollständig verdrängen wird. Dieses Produkt wurde 1995 mit einem Design Plus-Preis der Frankfurter Messe ausgezeichnet.

Ettore Sottsass und Theo Williams: Mousepad „Service“ mit Taschenrechner „Columbia“, 1995, Nava Design, Italien Inv. Nr.: D 572

Diese Kombination von Stiftbehälter und in ihrem Deckel integriertem Taschenrechner mit großflächig gestalteten Tasten für kleine Hände ist zwar nüchtern, aber in Anordnung und Typographie gewissermaßen sekundär von der Formensprache eines Ettore Sottsass inspiriert. Ausgezeichnet 1996 im Design Plus-Wettbewerb der Frankfurter Messe.

Bruce Parisi: Stiftbehälter mit Taschenrechner, 1996, Back, Deutschland
Inv. Nr.: D 422

Ein satt lindgrünes Satteldach mit Schindeln, ein liegend-rautenförmiges sonnengelbes Hausgehäuse, ein Ziffernblatt mit zur vollen Stunde hin sich drängelnden Zahlen, ein Uhrwerk mit weißlackierten Tannenzapfen, eine „Unruhe" als flachgelber Lollypop: nichts an dieser Kuckucksuhr „stimmt" und doch ist sie stimmig. Wie bei seinen Knoll-Stühlen greift Venturi banale Alltagsobjekte auf und verwandelt deren Kitsch in veritable Avantgarde, eine Avantgarde des „everyday-life", getreu seiner Mies van der Rohes Maxime „less is more" ironisch replizierender Antwort „less is a bore". Venturi also zitiert die kanonisierten Formen einer Kuckucksuhr, ironisiert sie aber durch seine Form- und Farbenwahl. Es ist eine Referenz an den Schwarzwald, so wie ihn sich wohl Hollywood oder Las Vegas vorstellen mag. Der „black, black forest" ist in den USA ein ähnlich allgegenwärtiger Mythos wie Neuschwanstein, Heidelberg oder Rothenburg ob der Tauber. Indem Venturi den touristischen Blick der Sightseeing-Reisenden ernst nimmt und überzeichnet, gelingt ihm die schwierige Balance zwischen Kitsch und Dignität. Insofern ist diese Kuckucksuhr ein Amalgam von postmoderner Doppelkodierung, professioneller Designrecherche und augenzwinkerndem Humor. Die ironische Brechung der Uhr hinterfragt und bestätigt zugleich nicht zuletzt auch den Stellenwert von Souvenirs.

Robert Venturi: Wanduhr „Cuckoo Clock", 1989, Alessi, Italien
Inv. Nr.: D 392

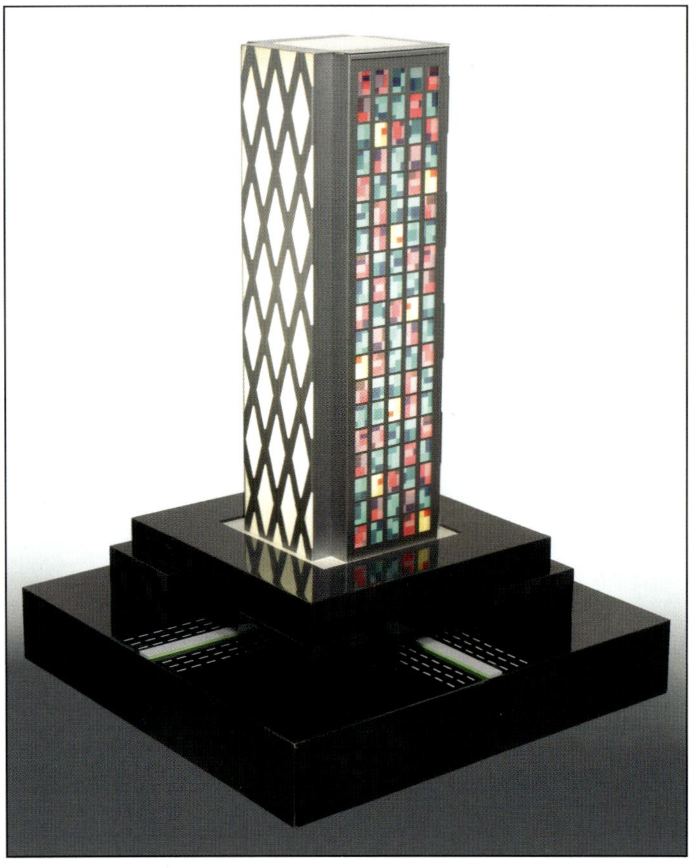

Matteo Thun:
Architekturmodell
„MoMa Tokio", aus der Serie
„The heavy dress", 1987
Inv. Nr.: D 1130

Das Architekturmodell „MoMa Tokyo" von Matteo Thun ist Teil seiner 1988 vorgestellten zehnteiligen „Heavy Dress"-Kollection, die imaginären Bauträgern transnationaler Bedeutung gewidmet ist. Mit einer an Memphis geschulten Produktsprache überträgt Thun additive Formen, Strukturen, Texturen, Oberflächen von Gebrauchsgegenständen auf Hochhausfassaden: „The Heavy Dress", also das „schwere Kleid", variable Oberflächen als schnell wechselbare Haut. Total-Ornament: der Architekt als Visagist der Metropolen, als Couturier des Urbanen.

Matteo Thun mit Andrea Lera:
Stehleuchten „Chicago Tribune" und
Joseph" aus der Serie „Stillight",
1985, Bieffeplast, Italien
Inv. Nr.: D 166, D168

Die 1985 von Matteo Thun gemeinsam mit Andrea Lera für Bieffeplast entworfenen Steh- und Tischleuchten „Stillight" verwenden eine High Tech-Ästhetik mit lasergestanzten Lochblechen als applikative, mithin stilistisch postmodern positionierte Muster. Die Löcher sind nicht mehr rund, sondern quadratisch bzw. rautenförmig, also nicht primär technisch, sondern ästhetisch konfiguriert. Die muskulär additiven Formen der Leuchtenfüße mag man geradezu als Verbeugung vor dem Entwurfsdenken des Thun´schen Lehrers und Mentors Ettore Sottsass lesen. Seinerzeit, bei Erscheinen der Serie, formulierte Thun: „Bei den Beleuchtungskörpern vom Maßstab Nachttischleuchten … bis zum Maßstab Stehleuchten in menschlicher Höhe handelt es sich um metallene Kleinarchitekturen, bei denen der Lichtschirm aus laserperforierten Industrieblech gefertigt ist. Die Kollektion „Stillight" zeigt eine für {mich} typische Entwurfsdynamik auf: es ist die Ähnlichkeit des Entwurfsprozesses im Objektbereich und im Bereich gebauter Architektur, die Dialektik des Maßstabs. Zum anderen erzeugt die imaginäre Begehbarkeit der beleuchteten Kleinarchitekturen eine Potenzierung der Imagination im Verbraucher. Der bildliche Konsum fordert das Affektverhältnis Mensch – Objekt (Objekt Häuschchen auf Stelzen, Objekt Wolkenkratzer, Objekt Leuchtturm etc.)".

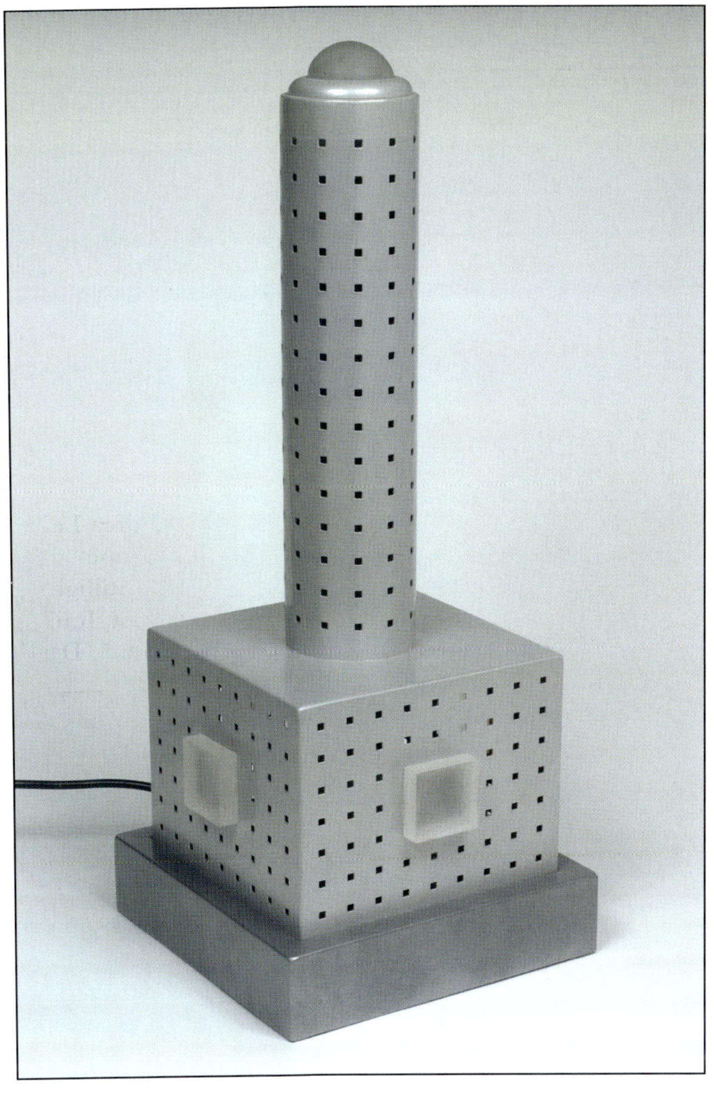

Matteo Thun mit Andrea Lera:
Tischleuchte „Maddalena“ aus der Serie „Stillight“, 1985, Bieffeplast, Italien
Inv. Nr.: D 171

Matteo Thun mit Andrea Lera:
Tischleuchte „Spargiotto“ aus der Serie „Stillight“, 1985, Bieffeplast, Italien
Inv. Nr.: D 172

Matteo Thun mit Andrea Lera:
Tischleuchte „Spargi“ aus der Serie „Stillight“, 1985, Bieffeplast, Italien
Inv. Nr.: D 174

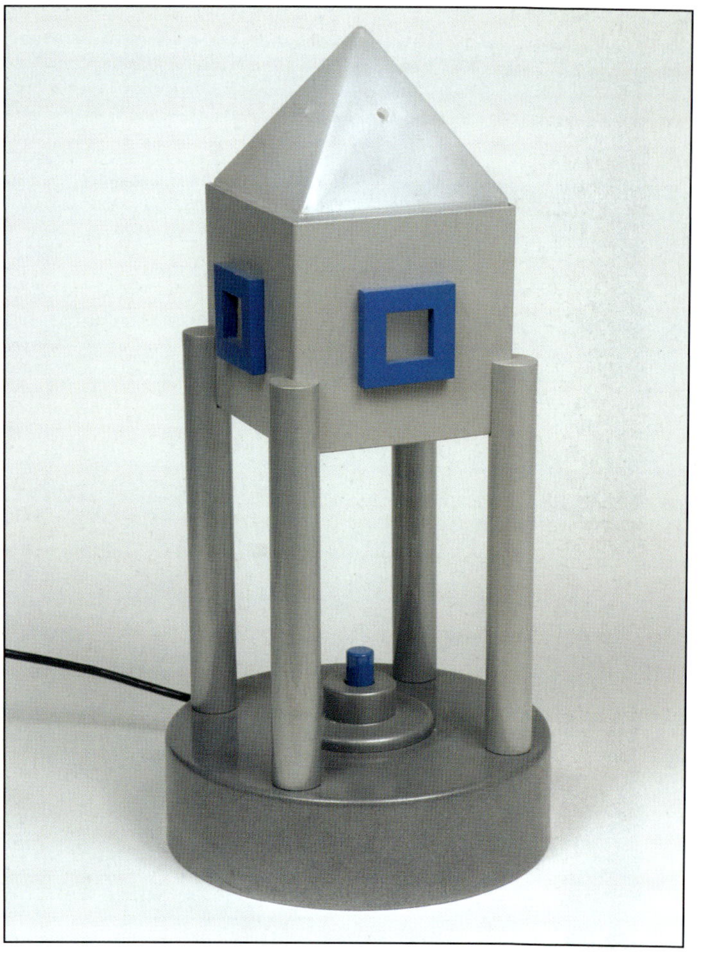

Matteo Thun mit Andrea Lera:
Tischleuchte „Guardiano Giovanni“ aus der Serie „Stillight“, 1985, Bieffeplast, Italien
Inv. Nr.: D 173

Mit einer ähnlichen Entwurfsstrategie wie bei seiner Leuchtenserie „Stillight" entwarf Matteo Thun auch vier Sideboard-Möbel. Auch hier wieder ist das bestimmende Entwurfsmaterial laserperforiertes Lochblech, auch hier wieder verweist der aufgeständerte Korpus mit zwei Türen ebenso wie die Türgriffe, die die Rautenform der Laserperforation vergrößert wieder aufnehmen, auf architektonische Überlegungen.

Matteo Thun: Containerschrank „Cassettiera", 1985, Bieffeplast, Italien
Inv. Nr.: D 165

Matteo Thun mit Andrea Lera: Stehleuchte „WWF-Tower" aus der Serie „Stillight", 1985, Bieffeplast, Italien
Inv. Nr.: D 167

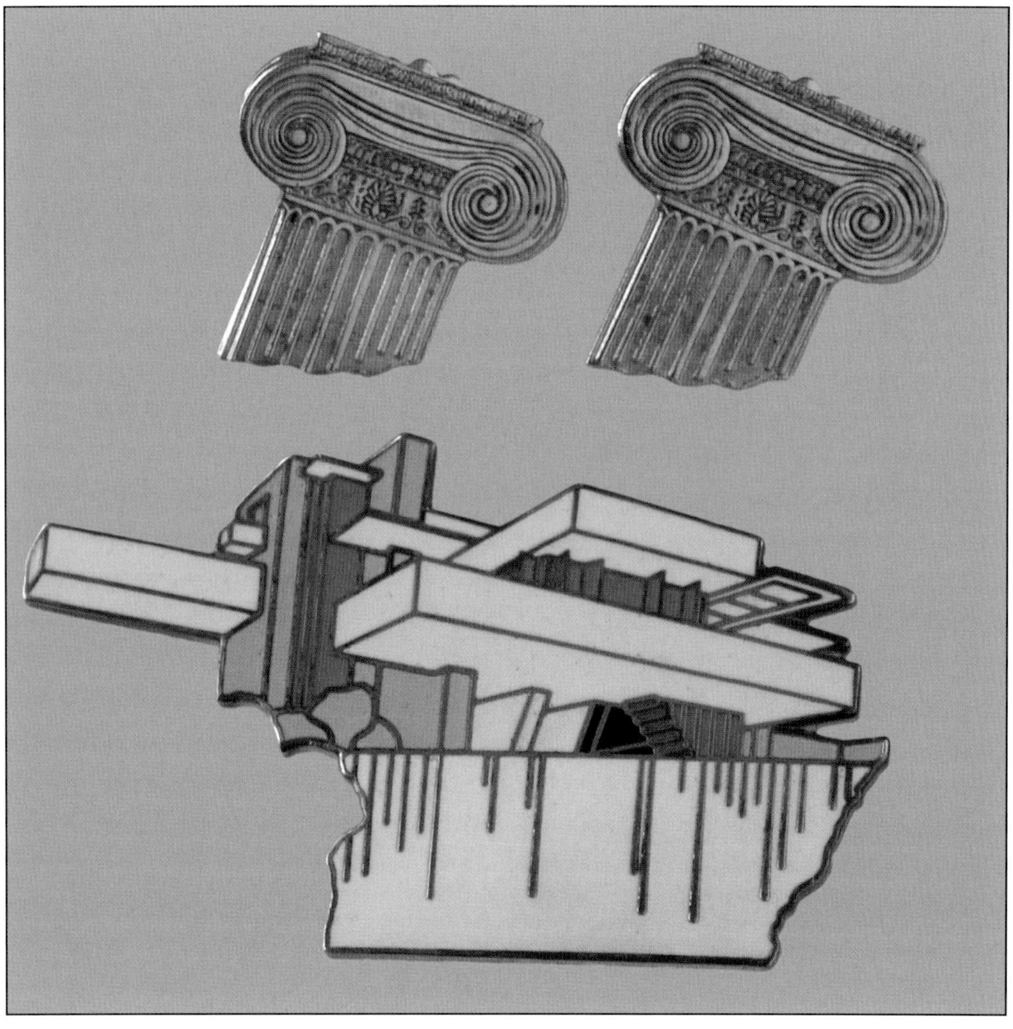

Adrian Olabuenaga: Brosche „Falling Water“ und Kapitell-Ohrstecker, Acme-Studios, Hawaii, USA
Dauerleihgabe

Postmoderne und Memphis-Entwürfe für Küchen- und Tischgeräte in Europa wurden und werden hauptsächlich von Alessi produziert, entsprechendes Porzellangeschirr und Silberprodukte in den USA kamen bis Mitte der 1990er Jahre von der New Yorker Firma Swid Powell. Im Bereich des Modeschmucks reüssierte in den 1980er Jahren das auf Hawaii ansässige Unternehmen Acme mit eben den entsprechenden Designern Tigerman und Graves, Hollein und Isozaki, Sottsass und Thun, Robert A. M. Stern u. a.. Sie entwarfen farbintensiven Email-Schmuck mit geometrischen oder architektonischen Motiven, die oft räumliche Perspektiven simulieren. Aber auch Dekore älterer Provenienz, etwa von Frank Lloyd Wright, sind in den Acme-Kollektionen der Broschen, Ohrringe, Halsketten und Manschettenknöpfe enthalten. Der bleiglasfensterartige Effekt der mit Stegen getrennten Farbfelder betont, technisch bedingt, die Konturen. So wirken diese Schmuckstücke wie kolorierte Reinzeichnungen eines Architektur- oder Design-Büros. Dies entspricht der generellen microarchitektonischen Entwurfsmatrix der erwähnten Entwerfer. Die Acme-Kollektion, die aus mehreren hundert Produkten besteht, ist, so könnte man wohl sagen, die gefällige Bijouterie-Antwort auf die avantgardistisch gemeinte Ernsthaftigkeit der ursprünglichen postmodernen und Memphis-Provokation.

Adrian Olabuenaga:
Schmuckserie „Memphis", 1991,
Acme-Studios, Hawaii, USA
Inv. Nr.: D 395

Laminate mit Dekoren von Ettore Sottsass, Michele de Lucchi u.a., Mitte der 1980er Jahre, Abet, Italien
Dauerleihgabe

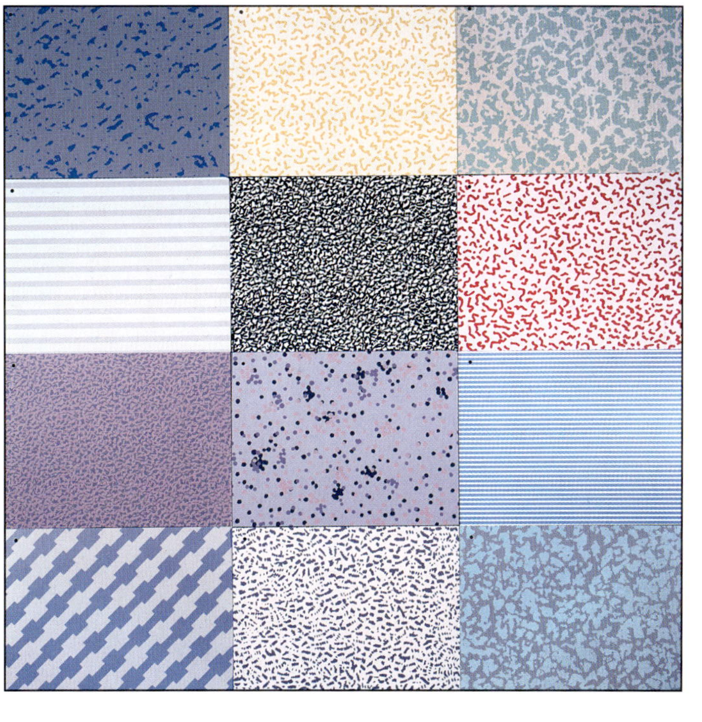

Seit vielen Jahrzehnten produziert die italienische Firma Abet Kunststofflaminate, die wie Holzfurniere mit Leim unter großer Hitze auf Flächen aufzubügeln sind. Aber erst mit den Dekorentwürfen der Memphis-Designer erlangte das Unternehmen transnationale Bekanntheit. Vor allem Ettore Sottsass, Michele de Lucchi und Mattheo Thun entwarfen ornamentale, kleinteilig-serielle Dekore, die einerseits an computergenerierte Endlos- Wiederholungen, andererseits an die Banalität „öffentlicher" Muster wie etwa Behördenlöschpapier, Baumarktdekore oder strukturierte Oberflächen mancher Details von Bus und Bahn anknüpfen. Damit entstand ein gewissermaßen von der Hochkultur kaum wahrgenommenes Ornament-Alphabet einprägsamer Prägnanz. Das von Sottsass kreierte „Bakteri"-Dekor war in der Graphik und der Werbung der zweiten Hälfte der 1980er Jahre ein äußerst erfolgreiches Erkennungsmuster und fand Verwendung bei Stoffen, Briefpapieren und unauthorisierten Produktapplikaten zweifelhafter Provenienz.

Ettore Sottsass: Vier Krawatten und Fliege, Dekore „Rete“ und „Lettuce“, um 1980, Memphis, Italien
Dauerleihgabe

Die ikonophilen Krawatten, Fliegen und Einstecktücher der Memphis-Designer Natalie du Pasquier, George Sowden und Ettore Sottsass zelebrieren in oft schreienden Farben und aggressiven Formsplitterungen wahlweise einen Look vergangener und gegenwärtiger ornamentaler Ethno-Codes oder bringen historische Architekturmotive, mit Abet-Laminati-Patterns aufgemischt, auf ihre Oberflächen. Die Multivalenz der visuellen Bezüge ist in intellektueller Hinsicht postmodern: sie ist interkulturell, metahistorisch, doppelbödig ironisch und kreiert dennoch jeweils eigene präzise Dekore.

Natalie du Pasquier, Ettore Sottsass: Krawatten, Mitte der 1980er Jahre, Memphis, Italien
Inv. Nr.: D 1105- 1109

Ettore Sottsass: Einstecktücher und Krawatte,
Mitte der 1980er Jahre, Memphis, Italien
Inv. Nr.: D 1110, 1111

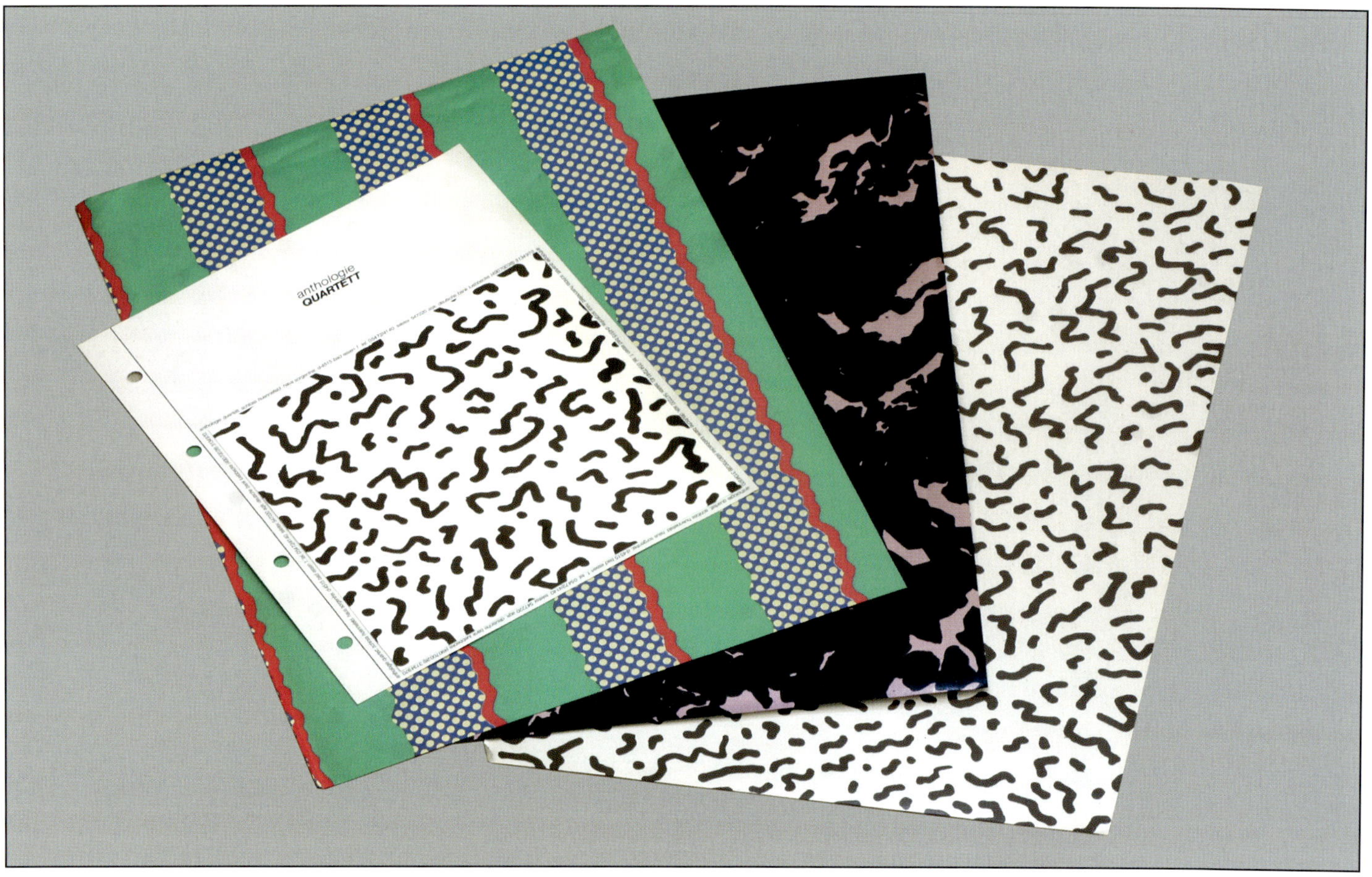

Die von der Anthologie Quartett angebotenen sog. „Autorenpapiere" – hier Beispiele von Ettore Sottsass und Christoph Radl – nehmen deutlich Bezug auf die Dekore der Abet-Laminate. Auch mit solchen preiswerten „Nebensächlichkeiten" wurde die Entwurfssprache von Memphis popularisiert.

Geschenkpapiere: Ettore Sottsass „Bakterio",1977, Christoph Radl: „Cadillac",1984, Mitte der 1980er Jahre, Anthologie Quartett, Deutschland
Dauerleihgabe

Anonymes Briefpapier und Kunststoffkugelschreiber zu Werbezwecken, Mitte der 1980er Jahre, Deutschland
Dauerleihgabe

Es ist kaum verwunderlich, dass die so präzise erkennbare „Bauklotz"-Mentalität der additiven Volumenschichtung ebenso wie die flimmernden Würmchen-Dekore von Abet-Laminati die Memphissprache auch haben absacken lassen auf die Ebene der anonymen Banalprodukte. „Give-aways", Kugelschreiber mit Werbeaufdruck aus Billigkunststoffen, dekorierte Briefpapiere oder Plastikfeuerzeuge im Centbereich sind aber auch ein Indiz dafür, dass die frechen Formen und ihre Farbenvielfalt damals einen allgemeinen Nerv trafen.

Türdrücker von Ludwig Wittgenstein und dessen Terrazzo-Redesign von Alessandro Mendini, 1986, FSB, Deutschland
Inv. Nr.: D 1126

Angeregt durch die Eröffnungsausstellung des Deutschen Architekturmuseums Frankfurt am Main, die „Revision der Moderne" Mitte 1984, lobte der bis dahin nicht weiter auffällig in Erscheinung getretene mittelständische Türklinkenhersteller FSB im westfälischen Kleinstädtchen Brakel einen international hochkarätigen Wettbewerb zur Neugestaltung von Türklinken aus, bei dem Arrata Isozaki, Hans Hollein, Alessandro Mendini, Dieter Rams, Mario Botta u.a. teilnahmen. Im Zusammenhang von Postmoderne und Mephis sind besonders die Entwürfe von Mendini und Hollein interessant: der erste verpasste dem klassischen Gropius-Türdrücker, der ebenfalls von FSB produziert wird, ein flirrend-buntes Re-Design, welches Hommage und Korrektur zugleich ist, der zweite miniaturisierte architektonische Versatzstücke (vgl. S. 62).

Der Hersteller dieser postmodernen bzw. an Memphis erinnernden „Terazzo"-Möbelgriffe, das Bielefelder Unternehmen Union-Knopf, hat Dutzende von solchen individualisierenden jeweils stilistisch unterschiedlich positionierten Griffserien im Programm. Mit einfachsten Mitteln können so auch neutrale Kastenschränke stilistisch positioniert werden. „No-Name"-Produkte bekommen damit die Aura professioneller Design-Authentizität.

Werksentwurf: Möbelgriffe aus der Serie „Terrazzo", 1986/87, Union Knopf, Deutschland
Inv. Nr.: D 249

Dieses geometrische Irrgarten-Geflecht von Matteo Thun, in sechs Farbstellungen produziert, macht die Wand zum Komplizen einer scriptural sich entäußernden „Zeichenlust" (in der doppelten Bedeutung des Wortes), die jene Kunstrichtung des „Neo-Geo" der 1980er Jahre, angereichert um die „Ornament-Debatte" der 1990er Jahre in einem Dekor amalgamiert (vgl. Text S.8).

Matteo Thun: Tapete
„Early Eighties",
Kollektion „Zeitwände",
1992, Rasch, Deutschland
Inv. Nr.: D 1122

Matteo Thun: Tapete
„Early Eighties",
Kollektion „Zeitwände",
1992, Rasch, Deutschland
Inv. Nr.: D 1122

Die beiden Dekore von du Pasquier und Sowden scheinen auf den ersten Blick kaum vergleichbar, und doch: sie verbindet ein Gefühl für den ornamentalen Reichtum des Subvisuellen, die Reichhaltigkeit unter dem Mikroskop; bei Sowden sind dies eher Zellen, bei du Pasquier schon stilistisch kodierte „Form-Amöben", der Zeichenästhetik der Comics nicht abgeneigt.

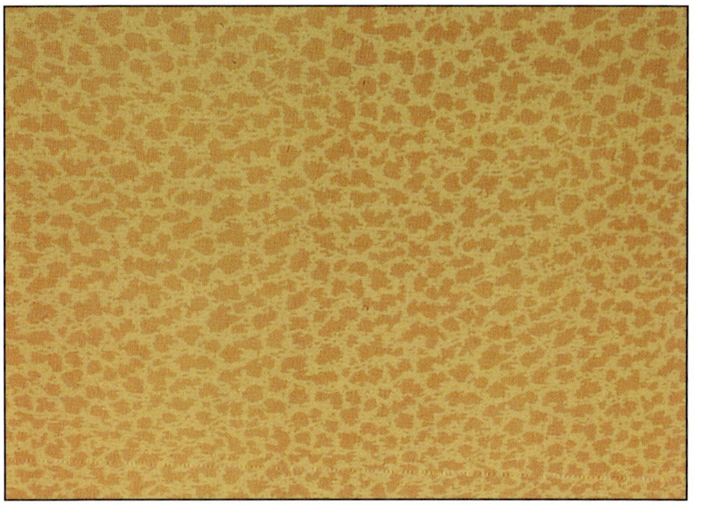

George Sowden:
Tapete„Mention",
Kollektion „Zeitwände",
1992, Rasch,
Deutschland
Dauerleihgabe

Natalie du Pasquier: Tapete „Piacenza", Kollektion „Zeitwände", 1992, Rasch, Deutschland
Dauerleihgabe

Neben anderen Produkten wie Türklinken und Fußleisten, Gardienenstangen und Heizkörpern war auch der Teppichboden jahrzehntelang ein, meist unifarbenes „low-interest-product". 1984 propagierte das Hamelner Unternehmen Vorwerk eine Trendwende auch hier hin zum sogenannten „Autoren-Design". Vierzehn Maler, Architekten und Designer, jeweils Prominente in ihrer Profession, gestalteten ausdrucksstarke, manchmal provokative Dekore im Rapport von Wand zu Wand. Drei Entwerfer mit jeweils zwei Dessins mag man hier als postmodern begreifen: Michael Graves verfremdete biedermeierliche Blütenornamente, Matteo Thun verteilt Kommaformen in überlappenden Dreiecken als computergenerierte Perforierungen auf der Fläche, Arata Isozaki schließlich besinnt sich auf traditionelle Kimonomuster und nimmt sie zum Ausgangspunkt seiner Entwürfe.

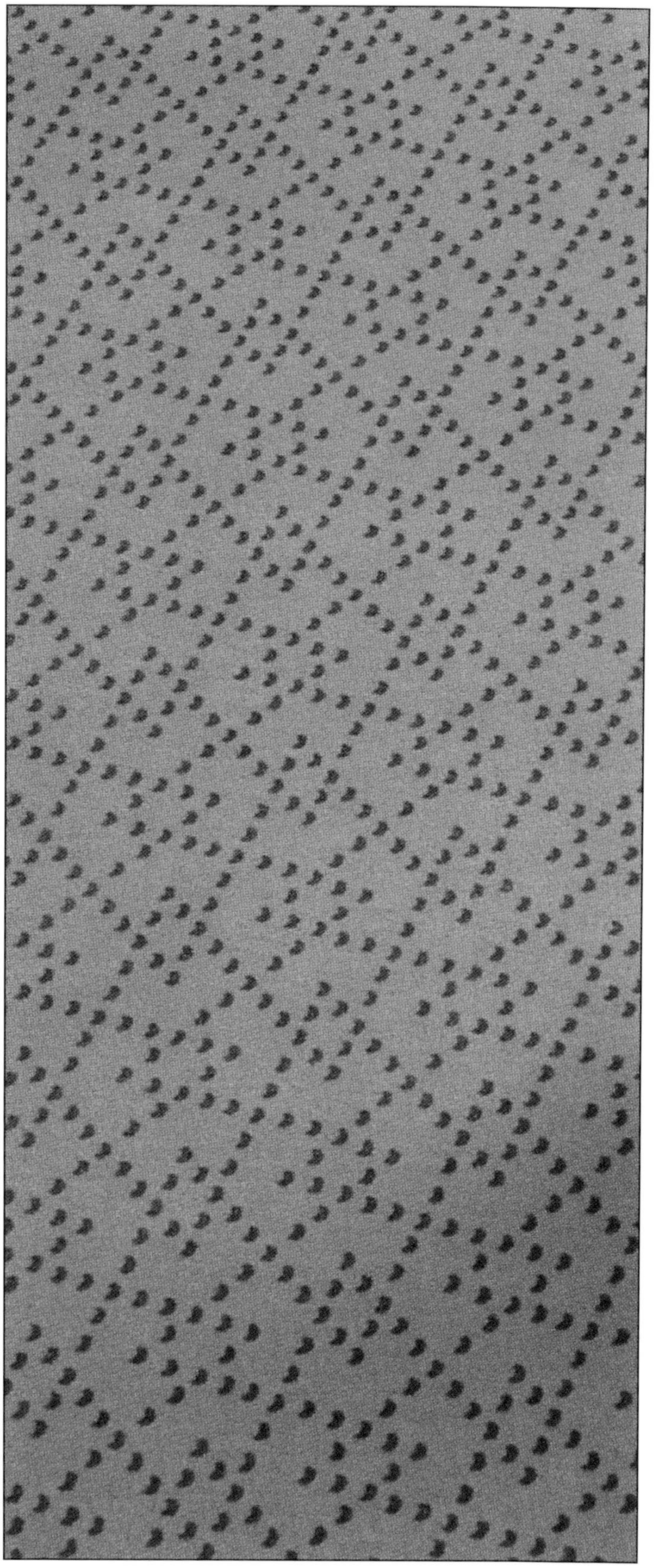

Matteo Thun: Teppichboden, Kollektion „Dialog", 1989, Vorwerk, Deutschland
Inv. Nr.: D 1118

Arata Isozaki: Teppichboden, Kollektion „Dialog", 1989, Vorwerk, Deutschland
Inv. Nr.: D 1117

Nobert Berghof, Michael Landes, Wolfgang Rang:
Tapete „Fries oder stirb“, Kollektion „Zeitwände“,
1992, Rasch, Deutschland
Dauerleihgabe

Michael Graves: Teppichboden,
Kollektion „Dialog“, 1989,
Vorwerk, Deutschland
Inv. Nr.: D 1119

Robert Venturi hat mit seinem berühmten Buch „Komplexität und Widerspruch", erschienen 1966, den hybriden Mischformen der Stile, auch ihrer ironisch-banalen Nobilitierung seit den Mittsechziger Jahren den Boden bereitet. Dekore und Ornamente sind für Venturi ebenso applikative wie apellative Botschaften der kommunikativen Positionierung von Form und Funktion. Dabei verhindert bei seinen Bauten und Produkten eine jeweils professionell abstrahierende Vergegenwärtigung vergangener Stillagen oder zeitgenössischer Banal-Ikonographien das Abgleiten in unreflektierten Kitsch. Seine zehnteilige Stuhlfamilie für Knoll International bezieht sich nicht nur ironisch auf die Schichtholzmöbel von Charles Eames, sondern thematisiert jene verballhornten Kaufhausstile amerikanischer Versandhauskataloge wie „Country Colonial" oder „Bauhaus Survival" als scherenschnitthafte Abziehbilder kleinbürgerlicher „Oberschicht"-Imitate. Damit sind diese Stühle Objekte einer intellektuell argumentierenden Avantgarde, die ihre eigenen Voraussetzungen hinterfragt. Venturi selbst hat formuliert, dass die scherenschitthaften Rückenlehnen dieser Stühle wie Zeichen funktionieren würden oder wie die falschen Fronten von Wild-West-Gebäuden z.B. eines Saloons, während ihren Schnittkanten modernistisch seien. Dazu passt, dass etwa das von ihm kreierte Dekor „Grandmother" sowohl auf dem Stuhl „Queen Anne" wie auch auf einem seiner Tischporzellane Verwendung findet: mithin als gattungsübergreifende Visualisierung einer progressiven Nostalgie. Zwei dieser Stühle, der „Sheraton"- und der „Art Déco"-Stuhl, haben zudem polychrome applizierte Malereien auf ihren Lehnen, die sich auf Dekorationselemente der angesprochenen Epochen zurückbeziehen.

Robert Venturi: Stühle „Art Déco" und „Sheraton", 1984, Knoll International, USA
Inv. Nr.: D 146, D 144

Robert Venturi: Stühle „Queen Anne", „Chippendale" und „Empire", 1984, Knoll International, USA
Inv. Nr.: D 147, D 145, D 148

Mitte der 1980er Jahre war die Postmoderne im Produktdesign in Deutschland angekommen. Die Frankfurter Architekten Norbert Berghof, Michael Landes und Wolfgang Rang, damals bereits durch anspruchsvolle postmoderne Bauten hervorgetreten, fanden in dem am Bodensee ansässigen Unternehmen Draenert einen aufgeschlossenen Partner, um ihre durchaus luxurierenden Mobiliarvorstellungen technisch und ästhetisch zu realisieren. Neben einer avancierten Serie limitierter Hochhausschränke mit edlen Materialien wie etwa Vogelaugenahorn, Ebenholz, Bruyère, Wurzelmaser, Ahornmassiv, Elfenbein, Messing, Blattgold, Marmor und Granitsteinen entstand 1985 der sogenannte „Frankfurter Stuhl F3", auch als „Sternen-Sessel" bezeichnet, da in seiner ahornfurnierten gerundeten Rückenlehne ausgestanzte Sterne, mit Furnierintarsien ausgelegt, eingelassen sind. Dieser mit taubenblauem Leder bezogene dreibeinige Sesselstuhl weist zwei senkrechte Vorderbeine auf, die aus türkis gebeiztem Eschenholz mit Ebenholz-Ahorn-Mosaik bestehen und kleine vergoldete Endpunkte haben, rechts eine Kugel, links ein kleiner Kegel. Das grazil sich abspreizende Hinterbein besteht aus Wengé (afrikanische Eiche) mit einem Messingabschluß oben und unten. Die gesamte Serie dieser „Frankfurter Postmodernen Möbel" der drei Architekten will erneut Erinnerungen und Illusionen, Träume und Sehnsüchte auslösen und sich auf Poesie und Märchen beziehen. Schöne Materialien, edle Verarbeitung, exklusive Formen: dies bedeutet eben auch und nicht zuletzt, gerade im postmodernen Interior-Design wieder auf die traditionelle Handwerkskunst spezialisierter Möbelbauer zu setzen.

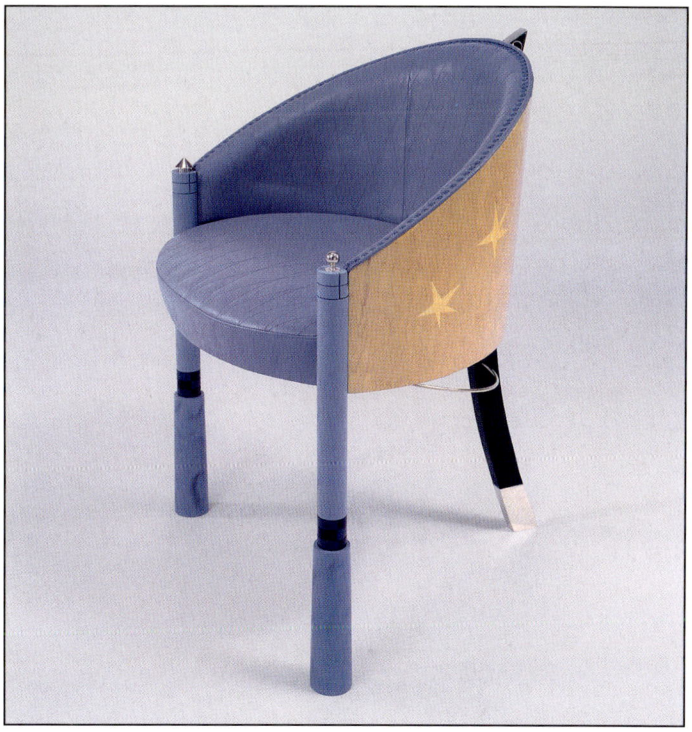

Norbert Berghof, Michael Landes, Wolfgang Rang: Frankfurter Stuhl F3 (Sternensessel), 1985/86, Draenert, Deutschland
Dauerleihgabe

Stanley Tigerman: Doppelsessel „Tète à tète", 1983, Formica, USA, Unikat, Inv. Nr.: D 169

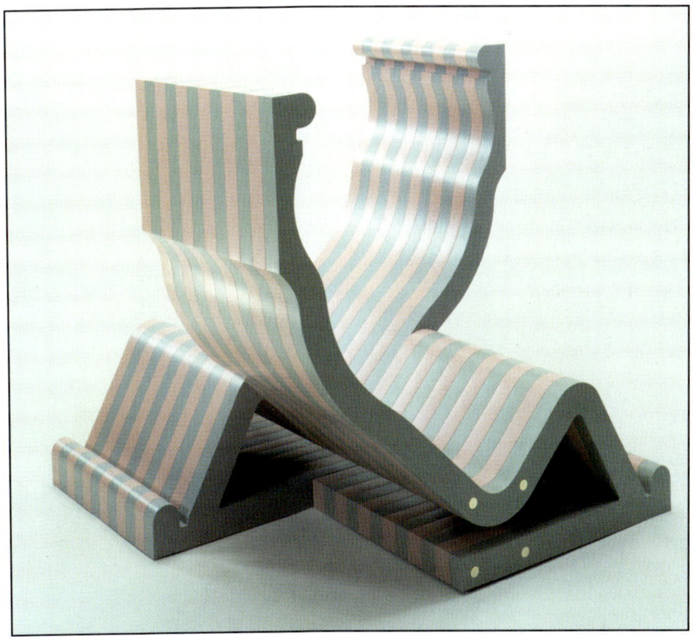

Der Doppelsessel „Tète-à-tète" von Stanley Tigerman entstand als Einzelstück im Rahmen eines Wettbewerbes mit Demonstrationsentwürfen zur Markteinführung neuer Laminate des amerikanischen Unternehmens Formica. Tigermans mannshoher Doppelsessel vermischt bewusst Vorbilder und Anregungen verschiedener Epochen. Die Gattung solcher Doppelsitze entstand bereits in der Renaissance, dem Barock und im Rokoko und war in der damit intendierten intimisierten Zweisamkeit immer erotisch kodiert. Bei Tigerman schwingen die anthropomorphen Sitz- und Rückenteile und spielen so auch die Klassische Moderne der Freischwinger eines Mies van der Rohe herbei, den der Chicagoer Architekt Stanley Tigerman als Heros und Vorbild verehrt. Scherenschnitthaft, als Kontur zitiert der Lehnenabschluß abstrahierend Säulenkapitelle. Die parallelen grauen und rosafarbenen Laminatstreifen, die den Doppelsessel überziehen, erinnern an geschichtetes Milcheis und die Süßlichkeit verkitschter Vorstadtkinos. Tigerman hat so ein Objekt mondäner Banalität und augenzwinkernder Doppeldeutigkeit kreiert.

Michael Graves: Armbanduhr „Graves“, 1993, Milus, USA, Jensen, Dänemark
Inv. Nr.: D 960

Die von Michael Graves für das Kopenhagener Unternehmen Jensen entworfene Armbanduhr bricht mit den überkommenen Vorstellungen eines dünn gefassten großvolumigen Zifferblattes vollkommen. Bei dieser Uhr ist der gebürstete Aluminiumrand ebenso breit wie das tieferliegende demgegenüber extrem verkleinerte Ziffernblatt. Die zwölf Ziffern selbst sind bei dieser Uhr auf dem Aluminiumrand positioniert und die demgegenüber sehr kleinen Zeiger bewegen sich nur auf dem centgroßen Ziffernblatt in der Mitte. Ungewöhnlich „verschobene“ Proportionen geben vielen Produkten von Graves ihre unverwechselbare Charakteristik. Hält man sich die über Jahrzehnte gerühmten kühl-rationalen, klassisch-funktionalistischen Armbanduhren des dänischen Unternehmens vor Augen, so bleibt die mit dieser Uhr von Graves realisierte Inversion der üblichen Erwartungshaltungen umso bemerkenswerter.

Michael Graves: Kaminuhr „Mantel-Clock“, 1989, Alessi, Italien
Inv. Nr.: D 391

Die Kaminuhr „Mantel Clock“, 1989, von Michael Graves ist eine typische kleine Microarchitektur, die in ihrem additiven Formenaufbau Klassizismus- und Biedermeier-Assoziationen auslöst. Auch die Wahl der Furnierhölzer und die an Bossenmauerwerk erinnernde Farbgebung erinnern, besser: gemahnen an diese Epochen. Die vier bauchigen Säulen allerdings, ohne Basen und mit sehr vereinfachten Kapitellen erinnern an ähnlich radikal bis zum Scherenschnitt hin vereinfachte Säulenmotive von Robert Venturi. Dabei ist der architektonische Eindruck unmittelbar ikonographisch: zum einem überspannt ein Segmentbogen-Architrav die Distanz zwischen den Säulen, zweitens signalisieren sieben Bossen-Lagen mit deutlicher Verfugung den Zusammenhang „Bauwerk“ und drittens schließlich gibt es einen bekrönenden Dachabschluß, der auf Trägern aufgelagert scheint. Insgesamt sind die Proportionen dieser kleinen „Uhrenarchitektur“ harmonisch und ausgewogen. Sie atmet den Geist biedermeierlicher Nostalgie, aber auch renaissancistischer Stadtarchitektur.

Adalberto Pironi: Pfeffermühle aus der Kollektion „Twergi“, 1989, Alessi, Italien
Inv. Nr.: D 496

Alessi vereint viele stilistisch differente Produktfamilien unter seinem Label. Nicht zuletzt, um die traditionellen Handwerksbetriebe zu stärken, entstand ab 1989 die Holzproduktserie „Twergi“, gefertigt von einer kleinen Manufaktur in Genoa, der „Piazza Battista“, die bereits 1865 gegründet wurde. Diese kleine Pfeffermühle „MP0311“, entworfen von Adalberto Pironi, besteht aus einem bauchigen, massiven Wurzelholzkörper, der auf drei grazilen verchromten Metallbeinchen balanciert und einen ebenso verchromten Drehgriff aufweist, dessen Endpunkt als schwarze Kugel ausgebildet ist und somit das Bild eines Pfefferkorns herbeispielt. Diese Pfeffermühle aus Kirschbaum-Wurzelholz mit seiner charakteristischen Maserung strahlt die Dignität eines wurzelholzfurnierten Rolls-Royce-Armaturenbrettes aus.

Ettore Sottsass: Salzmühle, 1994;
Peperonimühle, 1994;
Pfeffermühle, 1989, Alessi, Italien
Inv. Nr.: D 518 D 519, D492

Die 1989 bzw. 1994 von Sottsass entworfenen Gewürzmühlen aus Buchenholz sind farbig differenzierte gestapelte Volumen, bei denen jedes einzelne Teil eine definierte funktionale Rolle spielt. Drehen, fassen, zufassen werden so zuallererst optisch definiert, lange bevor die reale Erfahrung des Gebrauchs überhaupt einsetzt. Sottsass gelingt es, trotz einer durchaus formalen Detailfindung, diesen Details eine „Selbsterklärungsevidenz“ einzuschreiben. Mit dem Abstand eines knappen Vierteljahrhunderts bezieht sich Sottsass hier auf seine frühen übermannshohen Keramiken zurück, die 1972 in der berühmten Ausstellung „Domestic Landscape“ im Museum of Modern Art in New York Furore machten.

Michael Graves: Wasserkessel mit vogelförmiger Flöte, 1985, Alessi, Italien
Inv. Nr.: D 502

Ursprünglich für den amerikanischen Markt entworfen, entwickelte sich der „9093"-Wasserkessel von Michael Graves weltweit zu einem der erfolgreichsten Produkte von Alessi. Der Kessel ist eines der typischsten Produkte des Postmodernismus der 1980er Jahre. Die abgerundete Kegelform ist zunächst funktional begründet, damit die größte Menge Wasser nah an die Flamme kommt. Auch die Großdimensionierung des Griffes hat funktionale Gründe: er sollte weit genug von der Hitzeentwicklung entfernt sein. Diese beiden Voraussetzungen wurden dann ergänzt mit Überlegungen zu den ästhetischen und ikonographischen Aspekten des Kessels. Der dunkelrote Ton der vogelförmigen Flöte an der Ausgusstülle aus Polyamid wiederholt sich in zwei Kugeln, die den dünnen Chromring des Griffes von dem größeren griffkompatiblen Durchmesser des taubenblauen Greifsegments absetzen. Die größere schwarze Kugel auf dem Deckel wiederholt diesen Geometrismus. Eine additive Formstrategie also, denen in den dann folgenden fünf Jahren sechs weitere Tischprodukte von Graves mit exakt den gleichen Entwurfselementen folgten. Ob bei der Rahmenkanne oder der Zuckerdose, der Kaffeetasse oder dem Teeglas, der Wasserkanne oder der Presskaffeemaschine: der taubenblaue, mit roten Kugeln vom jeweiligen Metallkörper abgesetzte Griff signalisiert sofort die Zugehörigkeit zur gleichen Produktfamilie.

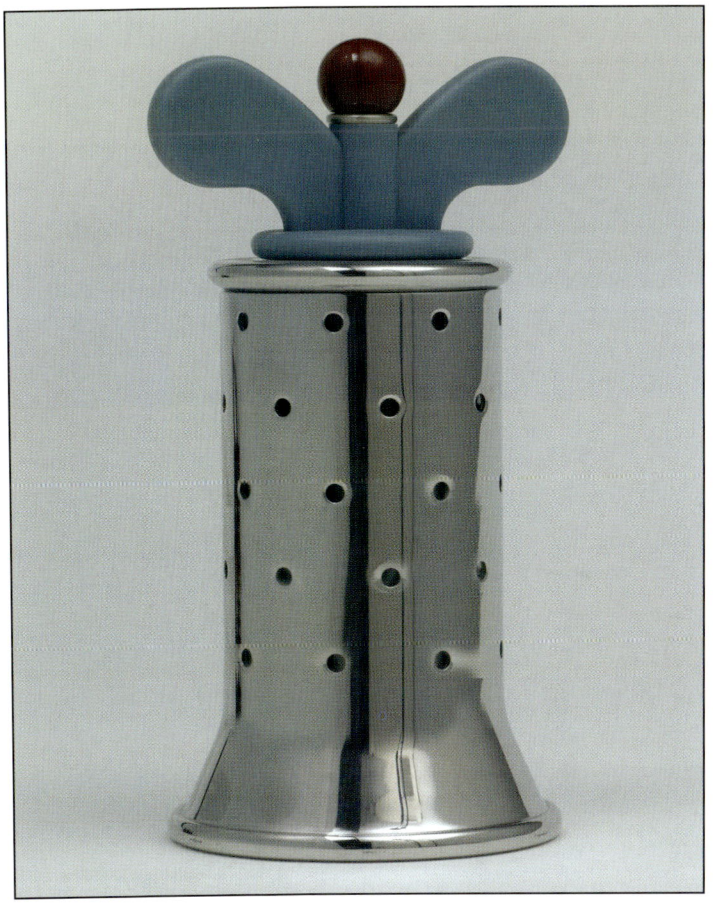

Auch die 1988 von Graves entworfene Pfeffermühle hat wie sein Wasserkessel einen verchromten Metallkorpus mit taubenblauen Funktionsteilen aus Polyamid, in diesem Fall die beiden oberen Flügel, die das Pfeffermahlen erlauben. Graves differenziert also auch hier wie bei dem Kessel mit unterschiedlichen Materialien die Funktions- und Bedienungsteile des Tischgerätes. Eine solche Funktions- bzw. Ergonomiesemantik ist typisch postmodern gedacht, hier noch ironisch überhöht dadurch, dass die Flügel an die Ohren der Mickey Mouse erinnern, also an ein Detail amerikanischer Trivialkultur. Auch zu dieser Pfeffermühle gesellen sich eine Handvoll weiterer Geräte mit den nämlichen „Ohren".

Michael Graves: Pfefferrmühle mit Flügeln,
1988, Alessi, Italien
Inv. Nr.: D 495

Die vier silbernen Tauftassen, 1992 auf den Markt gekommen und von Ettore Sottsass, Richard Meier, Laurinda Spear sowie Trix und Robert Hausmann entworfen, zeigen die Bandbreite möglicher Individualisierungen eines immer gleichen Gefäßes. Ob Mickey Mouse-Ohren, ob eine Kombination von eckigem und rundem Henkel, ob ondulierender Henkel; - immer ergibt sich ein charmant- juvenales Kompliment für die von allen Eltern stets vehement behauptete Einmaligkeit ihres Sprösslings.

Ettore Sottsass,
Richard Meier,
Laurinda Spear, Trix
und Robert
Haussmann: Vier
Tauftassen, 1992, Swid
Powell, USA
Inv. Nr.: D 398

Die drei silbernen Kerzenhalter „Century“, „Harmony“ und „Metropolitan“ von Robert A.M. Stern für Swid Powell sind erneut Untersuchungen architektonischer Kontexte im kleinen Maßstab. Wie bei klassischen Hochhäusern, die klassische Säulenordnungen der Antike rekapitulierten, konturiert Stern hier jeweils den Fuß, den Schaft und den Kopf als eigenständige Teile. Bezüge zum Tafelsilber um 1880, aber auch zu jenem der 1920er und 1930er Jahre sind gewollt und auffällig.

Robert A. M. Stern:
Kerzenständer „Century, Metropolitan, Harmony“, 1984,
Swid Powell, USA
Inv. Nr.: D 186- D 188

Robert A.M. Stern: Salz- und Pfefferstreuer, 1984,
Swid Powell, USA
Inv. Nr.: D 189

Die massiven, versilberten Salz- und Pfefferstreuer von Robert A.M. Stern haben jeweils einen kleinen, konisch nach unten sich verjüngenden Schaft, als Fuß eine flach konvex gewölbte Scheibe, als Kopfpendant einen konkaven Abschluss. Das in historisierenden Formen hier stattfindende Spiel mit Radien erzeugt kleine, elegante Tischskulpturen, die ihre zur Architektur verwandte Entwurfslogik zu erkennen geben.

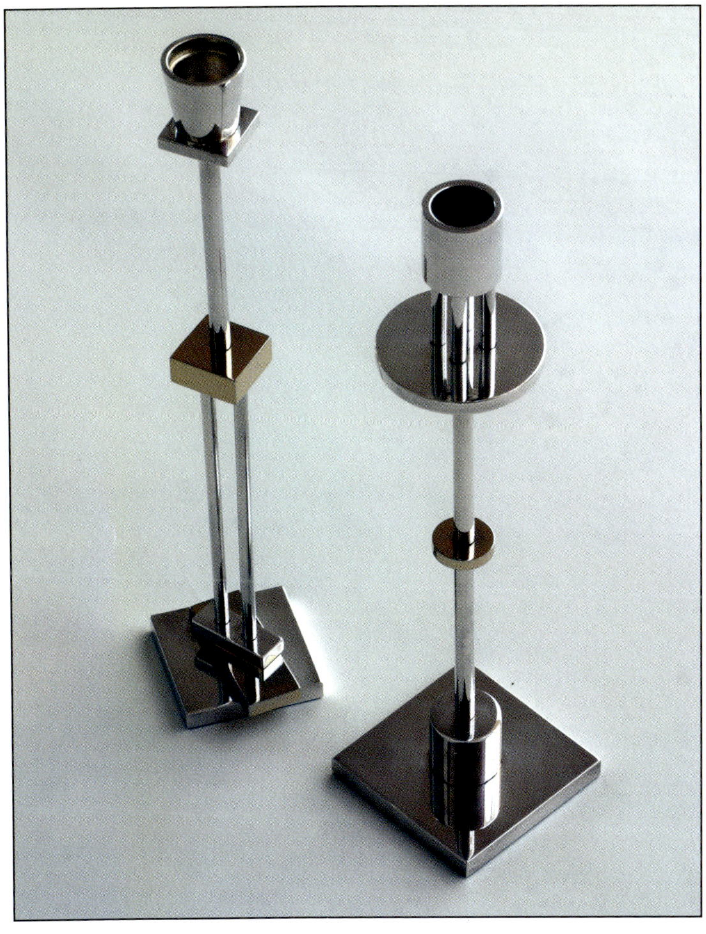

Die Silberleuchter von Ettore Sottsass „Starlight" und „Silvershade" für Swid Powell sind in ihrer additiven Gestaltauffassung vielen Memphis-Produkten vergleichbar. In ihrer dramatischen, fast störrischen Formen- und Volumenschichtung zeigt sich eine antiklassische Haltung, die gleichwohl im jeweiligen Gesamtbild harmonisch wirkt. Diese beiden Leuchter sind grazile Tischskulpturen, bei denen jeweils die Form den pragmatischen Zweck dominiert. An diesen Beispielen wird einmal mehr deutlich, dass die amerikanische Postmoderne und der Memphis-Stil durchaus Übereinstimmungen haben.

Ettore Sottsass:
Kerzenständer „Starlight, Silvershade", 1986, Swid Powell, USA
Inv. Nr.: D 197, D 198

Eine im Durchmesser ansteigende Reihe separierter konischer Ringe ergibt ihrerseits eine trichterförmige Großform: so etwa könnte man den faustgroßen Kerzenleuchter von Trix und Robert Haussmann beschreiben. Er ist ein massives Objekt geometrischer Detaillierung und hat die visuelle Attraktivität dreidimensionaler Op-Art. Richard Meiers Kerzenständer dagegen ist eine über Kreuz angeordnete Vertikalstruktur mit dem für ihn typischen Quadrat-Ornamenten. Schönheit kann auch rational sein.

Richard Meier: Kerzenständer „Classic", 1984 und Robert und Trix Haussmann: Kerzenständer, 1986, Swid Powell, USA
Inv. Nr.: D 196, D 192

Michael Graves:
Kaffeekanne
„The Big Dripper“, 1986,
Swid Powell, USA
Inv. Nr.: D 485

Die großdimensionierte Kaffeekanne „Big Dripper“ von Michael Graves – eine Kugel mit angesetztem Trichter und einem farbig deutlich abgesetzten kreuzförmigen Fuß und kombinierbarem Kaffeefilter – zeigt jene progressive Nostalgie, die viele Objekte der Postmoderne charakterisiert. Die farbig strenge Segmentierung einzelne Produktteile ebenso wie ondulierende Ornamente auf dem Gefäßkörper sind einer additiven Symbolik geschuldet, die „Lasten, Tragen, Bergen, Türmen und Ummanteln“ als räumliche Kategorien en miniature herbeispielen. Eher eloquent als elegant, von fast eherner Statuarik kommt der „Big Dripper“ daher und macht so seinem Namen alle Ehre. Und im Zeitalter der ubiquitären Kaffeeautomaten ist Kaffeezubereitung mit Wasseraufgießen per Hand eine schon fast aparte Technikverweigerung.

Die von Michael Graves entworfene Küchengerätekollektion „Euklid" zeigt einen großen Variantenreichtum geometrischer Primärformen. Die Serie besteht aus Isolierkanne, Tablett, Salatschüssel, Salatbesteck, Küchendose, Flaschenkühler und Serviettenhalter. Vor allem die Isolierkanne mit ihrem spitzen Vogelschnabel, dem kugeligen, auf vier Würfeln aufgesetzten Kannenkörper und dem überdimensionierten Griffring erinnert an jene Kaffeekanne „Big Dripper", die Graves knapp zehn Jahre früher für das amerikanische Unternehmen Swid Powell entworfen hatte. Die „Euklid"-Serie wurde 1995 mit einem Design Plus Preis ausgezeichnet.

Michael Graves:
Küchenserie
„Euklid", 1995,
Alessi, Italien
Inv. Nr.: D 997a-e

Die ikonographisch definierten Kleinarchitekturen, die Stanley Tigermans mit seiner Frau Margret McCurry gemeinsam entworfenes keramisches Teeservice auszeichnet, reduzieren traditionelle amerikanische Bauformen des flachen Landes, wie etwa Getreideschuppen des mittleren Westens der USA, zu durchaus eleganten, wenn auch stämmigen Volumen. Dabei wirkt der altweiße Ton der Keramik nostalgisch vertraut.

Stanley Tigerman und
Margret McCurry: Geschirr
„Teaside", 1985, Swid
Powell, USA
Inv. Nr.: D 200-202

Robert Venturi: Gedeck „Grandmother", 1984, Swid Powell, USA
Inv. Nr.: D 210

Amerikanische Tassen, Teller und Kannen sind – ebenso wie etwa Waschbecken – aus eher unerfindlichen Gründen in den USA in der Regel 20 Prozent größer als europäische Vergleichsprodukte. Die von Robert Venturi für Swid Powell entworfenen Porzellanservices „Grandmother" und „Notebook" haben neben ihrer Größe kaum als zurückhaltend zu bezeichnende Dekore: Das erste schwelgt in einem flirrenden 1950er Jahre Muster in blassen Bonbonfarben, das zweite appliziert flächendeckend scharz-weiße Tintenflecke und -schlieren auf Porzellanflächen. Jede Art von minimalistischen „nouvelle cuisine"-Arrangements sind auf diesen Dekoren zur Marginalität verurteilt. Ein Muffin oder ein Hamburger dagegen wird den optischen „Overkill" dieser Dekore zweifellos eher wegstecken. Hier geht es offenbar nicht mehr darum, der sensiblen Ästhetik mancher Speisen ein zurückhaltendes Passepartout für ihre Präsentation zu bieten, sondern darum, diese Porzellane als rhetorische Stil-Exempel zu statuieren. Auch das hat eine gewisse Evidenz und gestalterische Brillanz, gleichwohl bleibt der Eindruck insistierender Hartnäckigkeit.

Robert Venturi, Gedeck „Notebook", 1984, Swid Powell, USA
Inv. Nr.: D 209

Das schwarze Lineament, welches Sowden seinem Gedeck appliziert hat, wirkt wie ein gestalterisch bereinigtes Crakelee, mithin als die Korrektur der Kultur an Patinaprozessen. Nun ist jedes Ornament die durch kulturelle Erfahrung und Wahrnehmung gefilterte Abstraktion natürlicher Phänomene. Dabei erinnert hier die serielle Wiederholung der Einzelkontur durchaus auch an Abet- Laminate, wie sie Memphis verwendet.

George Sowden: Gedeck „Montreal“, 1984, Swid Powell, USA
Inv. Nr.: D 208

Stanley Tigerman und Margret McCurry: Gedeck „Verona“, 1984, Swid Powell USA
Inv. Nr.: D 211

Weiße Rundarkaden auf der Tasse, delikat auf taubenblauem Grund und ein renaissancistischer Palast oder Kirchengrundriß in gleicher Farbstellung auf dem Tellerrund: Stanley Tigermans Service „Verona“ zelebriert Anmutungen klassischer Architekturmotive als fast schon verblasste Erinnerung. Kein trompe l´oeil, keine Tiefenräumlichkeit, nur scherenschnitthafte perpetuierende Symbole, die trotzdem den Porzellanen einen klassischen, fast klassizistischen Charakter einschreiben.

Ettore Sottsass: Gedeck
„Renaissance", 1986,
Swid Powell, USA
Inv. Nr.: D 205

Bei seinen Porzellanservicen für Swid Powell hat sich Ettore Sotsass für eine Streuung renaissancistischer Motive entschieden. Es handelt sich durchgängig um florale Ikons jener Zeit, die ohne eine streng formale Logik die Tassen und Teller als frei zu beschreibende „Flächen" besetzen, aber nicht zuletzt in ihrer signalhaften Farbstellung eindrückliche Hinweise sind auf einen arbiträren, emblematischen Umgang mit Geschichte: mehr Notationen als Zitate. Auch eine zweite Serie mit dem Namen „Medici" zeigt jene assoziativ-freie Steuung der Dekore.

Ettore Sottsass: Gedeck
„Medici", 1986, Swid
Powell, USA
Inv. Nr.: D 206

Die Kaffeebecher und Teller des New Yorker Architektenduos Charles Gwathmey und Robert Siegel versuchen in ihrer geometrisierenden Schwarzweiß-Ästhetik an den Wiener Jugendstil eines Josef Hoffmann oder Koloman Moser anzuknüpfen. Ornament wird hier als rationale Strukturierung eingesetzt, die gleichwohl einen schmückenden Charakter hat. Die beiden Architekten waren Mitglieder der berühmten New Yorker Architektengruppe „The New York Five", der auch Richard Meier angehörte: allesamt Afficionados des Wiener geometrisierenden Jugendstils.

Charles Gwathmey und Robert Siegel: Gedeck „Tuxedo", 1984, Swid Powell, USA Inv. Nr.: D 207

Die Dekore der folgenden drei Vorlageteller haben eine formale Übereinstimmung: sie sind nicht formbegleitend, sondern konterkarieren in ihrer asymmetrischen Ornamentik das regelmäßige Rund des jeweiligen Tellers. Während Steven Holl ein Pasticcio softfarbener Versatzstücke den Rand des Tellers bevölkern lässt und kaum verhindern kann, dass sein Entwurf an die Krimi-Serie „Miami Vice" erinnert, nutzt Arata Isozaki das Rund des Tellerrandes zu abstrakten, in Gold auf Schwarz gegebenen Lineamenten in freier Kurvatur. Das wirkt auf Europäer und Amerikaner „typisch" japanisch. Das Schweizer Entwerfer-Ehepaar Trix und Robert Haussmann schließlich nutzt die volle Tellerfläche zu einer augentäuschenden Vorführung angeblich weich geknitterter Stofflichkeit: im Sinne ihrer Doktrin eines „kritischen Manierismus", der auch schon bei Alchimia zum Tragen kam, wird hier die harte Oberfläche eines Gegenstandes „weich" hinterfragt. Augentäuschung, Spiel mit der Wahrnehmung, die ironische Infragestellung der Authentizität von Sinnen und Sinnlichkeit (vgl. S. 52).

Steven Holl: Teller „Planar", 1984, Swid Powell, USA Inv. Nr.: D 213

Arata Isozaki: Teller
„Stream“, 1984, Swid
Powell, USA
Inv. Nr.: D 212

Robert und Trix
Haussmann: Teller
„Stripes“, 1985, Swid
Powell, USA
Inv. Nr.: D 203

Ein kleiner Tempel, von ferne an Gustav Peichls Architekturen erinnernd: allansichtig, kubisch, aber mit architektonischen Zusätzen versehen, die historische Erinnerung evozieren. Eher konstruktiv postmodern, der Gestalttradition der Wiener Jahrhundertwende verpflichtet, hat dieser Kerzenleuchter „Belvedere“ Eckeinsparungen für die Kerzen auf seinen vier Ecktürmen. Insgesamt eine „leuchtende“ Bastion und ein Hinweis auf die archetypische Vorstellung der „vier Säulen, die die Welt tragen“.

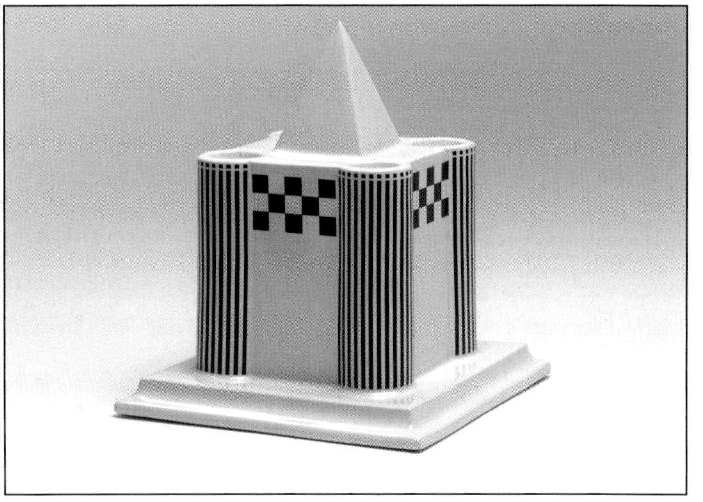

Heide Warlamis: Kerzenleuchter „Belvedere“ aus der Serie „Vienna Collection“, 1987, United Studios, Schrems, Österreich
Inv. Nr.: D 222, D 223

Auch die schwarz-weißen Fruchtschalen von Heide Warlamis, wie all ihre Keramiken in einer eigenen Manufaktur selbst gebrannt, sind Microarchitekturen. Die jeweils vier kleinen Rundsäulen setzen sich scharf ab von der Basisscheibe und der aufgeständerten, geometrischen Schalenform, die einem Kegelstumpf entspricht. Und das großflächige Primärformendekor der Rundsäulen bzw. der Schalen unterstützen nochmals die Anmutung „gemauerter“ Schichtungen.

Heide Warlamis: Zwei Schüsseln „Sezession“ aus der Serie „Vienna Collection“, 1984, United Studios, Schrems, Österreich
Inv. Nr.: D 222, D 223

Die rechteckige Hochkant-Vasenserie „Skyscraper" der österreichischen Keramikerin Heide Warlamis wirkt wie eine späte Verbeugung vor dem geometrischen Wiener Jugendstil eines Otto Wagner oder Josef Hoffmann. Das lineare, streng schwarz-weiße Ornament ist formbegleitend und strukturiert die Vasenflächen wie Fensterreihen oder Lisenen auf einem Hochhaus. Der abgetreppte Vasenabschluss verstärkt nochmals den Eindruck eines Bauwerkes, das klein und groß zugleich wirkt.

Heide Warlamis: Vier Vasen „Skyskraper" aus der Serie „Vienna Collection", 1984, United Studios, Schrems, Österreich Inv. Nr.: D 220, D 221, D 232, D 233

Diese „Hochhausvasen" von Heide Warlamis simulieren zunächst den Patina-Effekt von Krakelee. Aber in ihrer nicht unagressiven Dreiecksform mit sich abspreizenden, ebenso spitzwinkligen Füßen und den Einkerbungen am oberen Rand sind sie alles andere als nostalgisch: sie sind vielmehr Hinweis auf die Erfahrung der emotionalen Härte von Metropolen und ihrer psychosozialen Brüchigkeit. Da zeigt sich eine entwerferische Sensibilität, die das Fragile der Großstädte als emblematische Abstraktion einzufangen vermag.

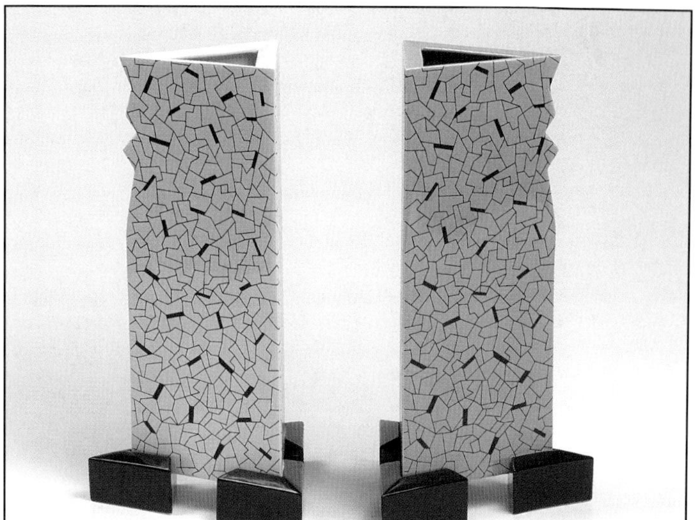

Heide Warlamis: Zwei Vasen „Metropolitan Tower" aus der Serie „Vienna Collection", 1986, United Studios, Schrems, Österreich Inv. Nr.: D 218, D 219, D 230, D 231

Die beiden Salz- und Pfeffersets „Siena“ von Heide Warlamis sind nun wirklich ikonographisch exakte Kleinarchitekturen. Sie weisen unterschiedliche Dekore auf. Das erste Set bezieht sich in seiner strengen schwarz-weißen Ornamentik der Volumenschmückung deutlich auf den Sezessionsstil der Wiener Schule um 1900, während das zweite mit farbig differenzierten Fenster-, Tür- und Mauer-Ikons eher eine Hommage an den engen Freund der Entwerferin Friedensreich Hundertwasser zu sein scheint. Die Handhabung der Streuer ist allerdings etwas eigenwillig: die Salz- und Pfefferkörnchen werden nicht von der Spitze dieser Mikroarchitekturen aus, sondern von ihrer Fassade freigegeben.

Heide Warlamis: Vier Salz – und Pfefferstreuer „Siena“ aus der Serie „Vienna Collection“, 1986, United Studios, Schrems, Österreich Inv. Nr.: D 214, D 215

Heide Warlamis: Zwei Essig- und Ölsets „Skala“ aus der Serie „Vienna Collection“, 1987, United Studios, Schrems, Österreich Inv. Nr.: D 216, D 217

Wie die Salz- und Pfefferstreuer-Sets „Siena“ weisen auch jene Essig- und Ölsets „Skala“ deutlich architektonische Formen auf, die sich irgendwo zwischen mexikanischer Wüstenarchitektur und Wiener Jugendstil ansiedeln. Sie zeigen erneut jene Ironie postmodernen Denkens, die Tischobjekte als, wie Gottfried Semper gesagt hätte, „architektonische Häute“ begreift.

Richard Meier:
Silbertablett, 1984,
Swid Powell, USA
Inv. Nr.: D 194

Meiers Produktdesign mag man nur zögerlich der Postmoderne zurechnen. Obwohl auch er, gerade in seinen Silberobjekten für den Ess- und den Schreibtisch, sich auf Historie bezieht, hier vorzugsweise auf die Wiener Sezession eines Joseph Hoffmann, der nicht zufällig den Spitznamen „Quadratl-Hoffmann“ hatte. Ob ein Kerzenleuchter oder ein Silbertablett: Meier arbeitet sich entwerferisch ab an den Errungenschaften der europäischen Moderne, allerdings gesehen und gefiltert mit amerikanischen Augen.

Der italienische Architekt hat im gleichen Zeitraum wie Richard Meier für das New Yorker Unternehmen Swid Powell ein rektanguläres Tablett entworfen. Obwohl seine Architektur sehr rational ist, scheint das hier gewählte verzierte Ornament aus quadratischen kleinen Öffnungen von jener leicht nostalgischen Sehnsucht Richard Meiers nach den Stillagen des Wiener Jugendstils beeinflusst.

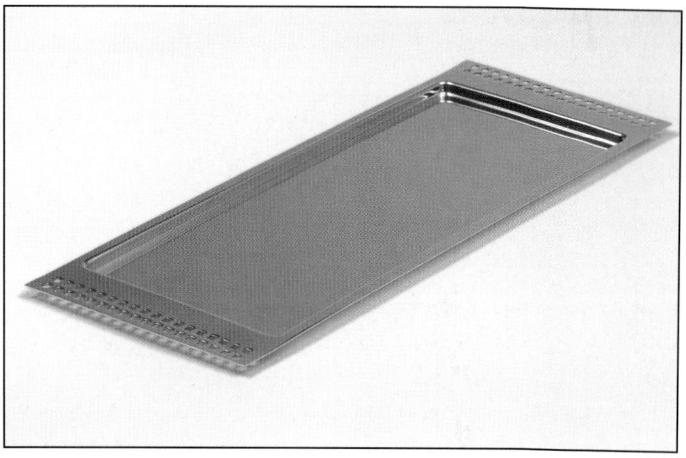

Vittorio Gregotti:
Tablett, 1987, Swid
Powell, USA
Inv. Nr.: D 193

Einer rechteckigen Platte aus massiven Acrylglas ist wie eine ferne Erinnerung an Günther Ueckers Nagelbilder ein Oval vergoldeter Nägel mit Kugelköpfen eingeschrieben, die als bergende Begrenzung für Obst oder Gemüse dienen mögen. Allerdings gestaltet sich die Reinigung hier nicht weniger kompliziert als bei einem Kristallglas: ein demonstratives Tischobjekt, dessen Funktionalität eher im Dunkeln bleibt.

Angelo Cortesi: Tablett „Bosco“, 1985, WMF, Deutschland Inv. Nr.: D 227

Matteo Thun: Tablett „Piazzetta di Capri“, 1986, WMF, Deutschland Inv. Nr.: D 224

Das versilberte Messingtablett „Piazzetta di Capri“ von Matteo Thun hat wie seine Kunststofftabletts ein mit Siebdruckraster aufgebrachtes, vergoldetes Punktornament und ebenso deutlich abgesetzte, vergoldete Standfüße, die als Scheiben zu drei Vierteln unter den Ecken des Tabletts hervorkommen. Eine Volumenschichtung mithin, die einer additiven Entwurfsauffassung entspricht.

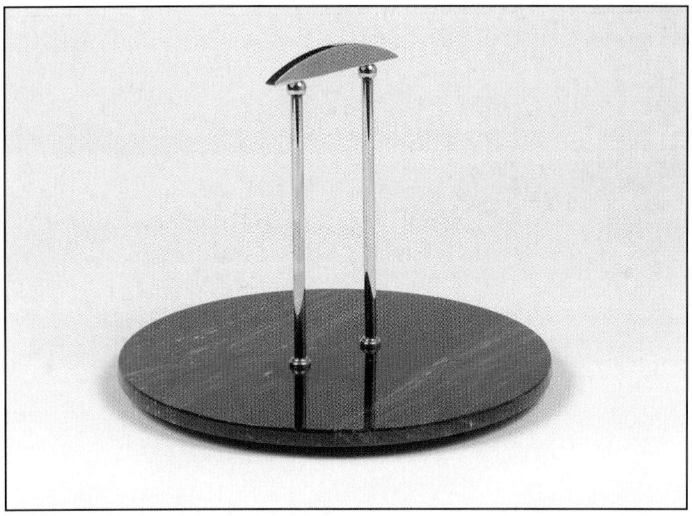

Eine dunkel geäderte Marmorscheibe trägt in der Mitte zwei verchromte Stangen als Griff und Portalmotiv, die an ihren Enden jeweils durch vergoldete Kugeln von ihren Nachbarelementen abgesetzt werden. Als Bekrönung ziert diese Etagere ein vergoldeter Segmentbogen-Architrav: eine Anspielung auf die „strada novissima“ der Architektur-Biennale 1980 in Venedig, die unter dem Motto „Die Gegenwart der Vergangenheit“ erstmals breitenwirksam postmoderne Entwurfshaltungen popularisierte.

Jo Laubner:
Servierplatte „Arena“,
1986, WMF,
Deutschland
Inv. Nr.: D 228

Die flache Aluminium-Obstschale von Franz Otto Lipp ruht auf drei dunklen Marmorkeilen. Ihre extrem flache Krümmung lässt sie wie ein Sakralgefäß wirken: so gibt es durchaus vergleichbare Taufschalen, etwa in der Gedächtniskirche von Egon Eiermann in Berlin. Hier zeigt sich somit eine reduzierte Formensprache mit gleichwohl emotionaler Kraft.

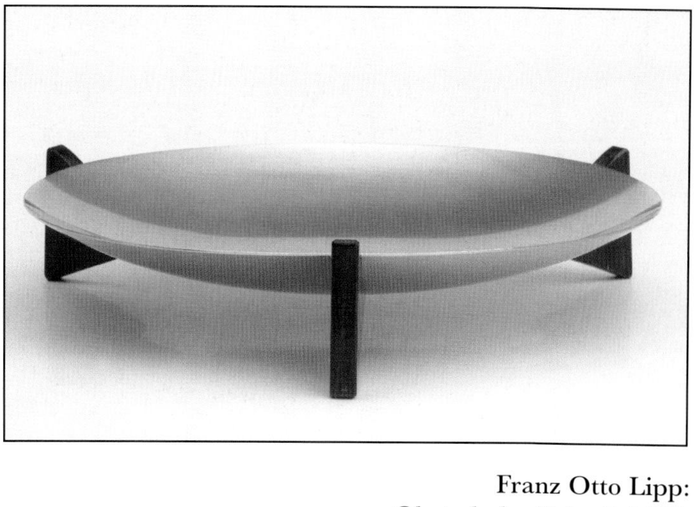

Franz Otto Lipp:
Obstschale „Triga“, 1985,
WMF, Deutschland
Inv. Nr.: D 1130

Die Inox-Schüssel mit Deckel hat vergoldete Kugeln als Füße, was ihr einen schwebenden Charakter verleiht. Aber das ist auch schon alles, was man zur Spezifik dieses eher einfachen Behälters sagen kann. Diese Schüssel ist eben doch weit entfernt von dem entwerferischen Raffinement vieler Alessi-Produkte, obschon sie trotzdem ein, wenn auch leicht hilfloses Bemühen um stilistische Signifikanz charakterisiert.

Jo Laubner:
Servierschüssel,
„Legumera“ 1986,
WMF, Deutschland
Inv. Nr.: D 225

Robert A.M. Stern:
Servierschüssel, 1985,
Swid Powell, USA
Inv. Nr.: D 1116

Der New Yorker Architekt, einer der führenden Vertreter der amerikanischen Postmoderne sowohl als Gestalter als auch ihr belesener Chronist, erweist sich hier mit der elegant abgestuften Form seiner Silberschale, die auf drei Kugelfüßen ruht, als ein Entwerfer, für den die Vergangenheit nicht nur Inspiration, sondern gültige Orientierung bedeutet.

Matteo Thun: Tablett „Flora“
aus der Tablettkollektion „Design
Matteo Thun“, 1986, WMF,
Deutschland
Dauerleihgabe

Seit etwa 1986 entwarf Matteo Thun im Rahmen einer generellen zeitgeistigen Re-Positionierung der Württembergischen Metallwarenfabrik WMF etwa 10 bis 15 preisgünstige Kunststofftabletts, die in ihrer Ornamentik sowohl an den floralen Jugendstil wie an die Motive von William Morris erinnern. Die Farbstellung dieser Dekore ist neomodern aktualisiert, gleichwohl auch ostasiatischen Anmutungen verpflichtet. Trotz aller Üppigkeit ist die Flächenkomposition formal stringent und wirkt sparsam und kontrolliert. Zeitgenössisches Stilempfinden transportieren auch die additiv angesetzten, mikroarchitektonischen Griffe. Damit sind diese Tabletts durchaus Teil postmodernen Denkens.

Matteo Thun: Tablett
aus der Tablettkollektion
„Design Matteo Thun“,
1986, WMF, Deutschland
Dauerleihgabe

In einem begrenzten Wettbewerb für neue öffentliche Standuhren für die Innenstadt von Frankfurt am Main wurde auch Matteo Thun eingeladen. Er entwarf zwei an klassischen Säulenschäften orientierte Uhrtürme, die durch ihre grazilen Proportionen ihre tatsächliche Größe – solche Standuhren müssen vier bis sechs Meter hoch sein – marginalisieren. Gestalterisch schlägt Thun runde, fast weich anmutende „Komfortteile" vor, die die übliche Kälte von Public Design-Objekten bewusst vermeiden. Von der Jury leider nicht zur Ausführung bestimmt, hätten diese öffentlichen Zeitmesser die Individualität von privaten Produkten in den öffentlichen Raum übertragen.

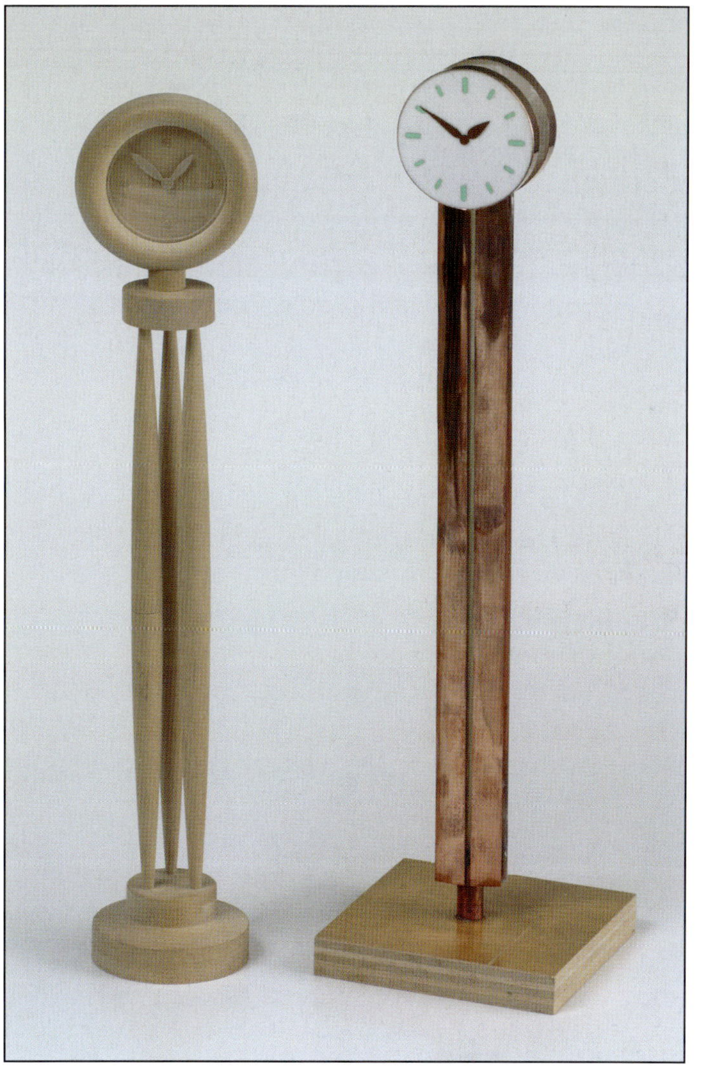

Matteo Thun: Zwei Modelle für Standuhren im öffentlichen Raum „Fiori Urbani", 1994 Inv. Nr.: D 7a, b

Matteo Thun: Besteck „Tocca" 1988, WMF, Deutschland Dauerleihgabe

Das etwas muskuläre Besteck hat pralle, abgerundete Griffe aus gemesserten, farbigem Holzfurnier. Es handelt sich um eine technisch aufwendige Herstellung von Ornament, welches nicht als Oberfläche, sonder als Volumen entsteht. Dutzende von Furnierblättern werden gleichzeitig geschnitten und dabei verleimt. Nach Abschluß dieses Vorgangs können die Volumen wie Vollholz bearbeitet und z. B. gesägt oder geschliffen werden. Allerdings ist hier die verwendete Technik anspruchvoller als die Praktikabilität, denn dieses Besteck ist nicht spülmaschinengeeignet. Deshalb war es auch nur kurze Zeit auf dem Markt.

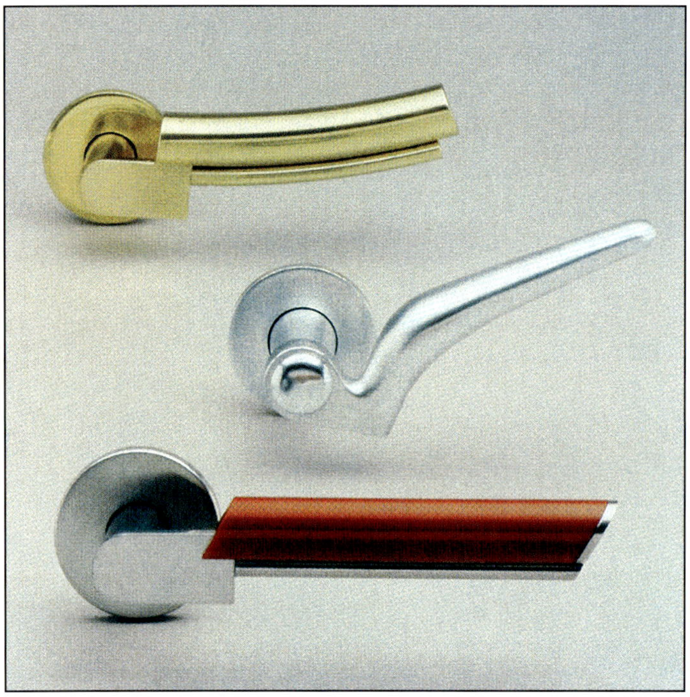

Holleins Türdrücker zeigen die präzise Eleganz architektonischer Versatzstücke mit deutlichem Hinweis auf das Art Deco. Sie sind mondän und mit einer subkutanen Erotik aufgeladen. Einer der drei Türdrücker von Hollein kann sowohl als Hochgriff wie als Tiefgriff montiert werden: er heißt dann wahlweise „Storchenschnabel" oder „Frauenschuh"(vgl. S.33).

Hans Hollein: Türdrücker, 1986, FSB, Deutschland Inv. Nr.: D 1125

Werksentwurf: Möbelgriffe aus der Serie „Art Déco", 1987, Union Knopf, Deutschland Inv. Nr.:D 251

Wie bereits die „Terazzo"-Möbelgriffe des Unternehmens Union Knopf sind auch die „Art Deco"-Griffe aus Duro-Horn gefertigt. Glamour und Charleston liegen da nicht fern. Dabei mag die Materialreferenz an Wurzelholzfurnier, Marmor oder auch Bernstein als Veredelungsstrategie, stilistische Verbeugung vor Hans Hollein begriffen werden (vgl. S. 33)

Das vierteilige Edelstahl-Besteck „Solo“ hat asymmetrische Griffe: am Ende der Bestecklaffen verflachen sich diese zu segmentbogenhaften Kreisausschnitten. Diese sind in Siebdrucktechnik spülmaschinenfest ornamental verziert. Die Form und das Ornament orientieren sich an den eleganten Formenvokabularen von Hans Hollein und Matteo Thun.

Mario Vivaldi:
Essbesteck „Solo“,
1986, WMF,
Deutschland
Inv. Nr.: D 229

Werksentwurf: Möbelgriffe,
Parana, Brasilien, Anfang
1990er Jahre
Dauerleihgabe

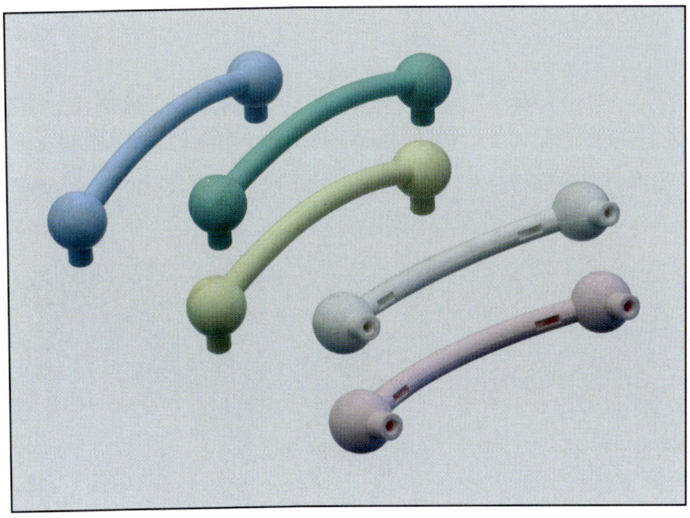

Die in fünf milchigen Farben (Rosa, Weiß, Blassgelb, Türkis, Himmelblau) angebotenen Möbelgriffe bestehen aus fünf eigenständigen Formen: an den beiden Enden eines flachen Segmentbogens sitzen zwei Kugeln, die als „Gelenke“ zu den zur Schranktür senkrechten Endstücken fungieren. Mit solchen preiswerten Spritzgussteilen ist jede neutralweiße Schrankfront stilistisch zu positionieren. Das additive Konzept dieser Griffe ist ein Beleg dafür, dass der Postmodernismus selbst im fernen Südamerika rezipiert wurde.

Ausgewählte Literatur

Architectures en France Modernité postmodernité, Kat. Centre de Création Industrielle, Centre Georges Pompidou, Paris 1981

Karl Michael Armer/Albrecht Bangert: Design der 80er Jahre, München 1990

Andrea Branzi: Moderno Postmoderno Millenario Studio Forma Alchymia, Mailand 1980

Michael Collins: Towards Post-Modernism. Design since 1851, London 1987

Michael Collins/Andreas C. Papadakis (ed.): Post-Modern Design, London 1989 (dt.: München 1990, Redaktion Volker Fischer)

Contemporary Landscape. From the Horizon of Postmodern Design, Kyoto, Tokyo 1985

Volker Fischer: Interieur der Zweiten Moderne. Ein Überblick, in: Jahrbuch für Architektur, Wiesbaden/Braunschweig, 1983

Volker Fischer: „Form follows fantasy" – Zur Memphisierung heutigen Designs, in: Der Fall „Memphis" oder die Neo-Moderne, Schriftenreihe der HfG Offenbach, Offenbach 1984

Volker Fischer: Pop Histoire – Zu einigen nachfunktionalistischen Leitbildern in Design und Architektur, in: Gefühlscollagen – Wohnen von Sinnen, Köln 1986

Volker Fischer: Zeitgeist zum Anfassen. Zur Kulturisierung des Banalen, in: Heinrich Klotz (Hrsg.) : Jahrbuch für Architektur, Wiesbaden/Braunschweig, 1987/88

Volker Fischer: Post-Modernism and Consumer Design, in: Papadakis, a.a.O., 1987, erneut in: Collins/Papadakis a.a.O., 1989

Volker Fischer: Design heute. Maßstäbe. Formgebung zwischen Industrie und Kunststück, München 1988

Volker Fischer: Bodenreform, Die Dialog-Kollektion von Vorwerk, Berlin 1990

Immagini del Post-Moderno. Il dibattito sulla società post-industriale e l´architettura. Introduzione di Paolo Portoghesi e Maurizio Ferraris, Venezia 1983

Charles Jencks: The Language of Post-Modern Architecture, London 1977 (dt.: Stuttgart 1980)

Charles Jencks: What is Post-Modernism?, London/New York 1986

Peter Kemper (Hrsg.): „Postmoderne" oder Der Kampf um die Zukunft, Frankfurt a. M. 1988

Heinrich Klotz: Moderne und Postmoderne. Architektur der Gegenwart 1960-1980, Braunschweig/Wiesbaden 1984

Heinrich Klotz (Hrsg.): Revision der Moderne. Postmoderne Architektur 1960-1980, München 1984

Hanne Loreck: Vorwand, in: Form, Nr. 197, a.a.O., 2004

Jean-François Lyotard: Das postmoderne Wissen. Ein Bericht, Bremen 1982

Jean-François Lyotard u.a.: Immaterialität und Postmoderne, Berlin 1985

Musterhaft: The Power of Patterns, Form. Zeitschrift für Gestaltung. The European Design Magazine, Nr. 197, Juli/August 2004

Andreas C. Papadakis (ed.): The Post-Modern Object, Art & Design, April 1987

Andreas C. Papadakis (ed.): Imitation & Innovation, Architectural Design, Vol. 58, 9/10, London 1988

The presence of the past. Kat. La Biennale di Venezia, Venedig 1980

Barbara Radice: Memphis, Research, Experiences, Results, Failures and Successes of New Design, Milan 1984, London 1985

Joseph Rykwert: Ornament is No Crime, in: Studio International, September 1975

Nicola Stattmann: Digitale Dekore, in: Form, Nr. 197, a.a.O., 2004

Annette Tapert: Swid Powell. Objects by Architects, New York 1990

Tapetenfabrik Gebr. Rasch (Hrsg.): Zeitwände, Bramsche 1992

Stanley Trachtenberg (Hrsg.): The Postmodern Moment. A Handbook of Contemporary Innovation in the Arts, Westport/London 1985

Robert Venturi: Complexity and Contradiction in Architecture, New York 1966 (dt.: Braunschweig 1978)

Robert Venturi: Learning from Las Vegas, Chicago 1978 (dt.: Braunschweig 1979)

Claudia und Thomas Weil: Ornament in Architektur, Kunst und Design, München 2004

Wolfgang Welsch: „Postmoderne", Genealogie und Bedeutung eines umstrittenen Begriffs, in: Kemper, a.a.O., 1988

Wolfgang Welsch: Unsere postmoderne Moderne, Weinheim 1988